Collection « C
dirigée par

Haut et Court
de Alan Hustak
est le troisième titre
de cette collection

Haut et Court

Alan Hustak

Haut et Court

essai

 TRAIT D'UNION

ÉDITIONS TRAIT D'UNION
284, square Saint-Louis
Montréal (Québec)
H2X 1A4
Tél.: (514) 985-0136
Téléc.: (514) 985-0344
Courriel : editions@traitdunion.net

Révision : Guy Samson, Virginie Langlois
Mise en page : André Chapleau
Illustration de la couverture : geai_bleu graphique
Maquette : geai_bleu graphique
Photo de la 4ᵉ de couverture :

Données de catalogage avant publication (Canada)
Alan Hustak, 1944

      Haut et Court: essai
      (Crime et société)
      Traduction de : They were hanged.
      Comprend des réf. bibliogr.

      ISBN : 2-922572-43-9
      1. Condamnés à mort - Canada - Biographie. 2. Peine de mort - Canada. 3.
Procès (Homicide) - Canada. I. Titre. II. Collection

HV8700.H8714 2003   364.66'092,271   C2003-940663-6

DISTRIBUTEURS EXCLUSIFS
POUR LE QUÉBEC ET LE CANADA
Édipresse inc.
945, avenue Beaumont
Montréal (Québec)
H3N 1W3
Tél.: (514) 273-6141
Téléc.: (514) 273-7021

POUR LA FRANCE ET LA BELGIQUE
D.E.Q.
30, rue Gay-Lussac
75005 Paris
Tél.: 01 43 54 49 02
Téléc.: 01 43 54 39 15

Nous remercions le Conseil des Arts du Canada ainsi que
le gouvernement du Canada (Programme
d'aide au développement de l'industrie de l'édition) pour
leur soutien financier.

Nous bénéficions d'une subvention d'aide à l'édition de la
SODEC.

Conseil des Arts
du Canada

Québec ::

Pour en savoir davantage sur nos publications, visitez
notre site www.traitdunion.net

CHAPITRE 1

Nouvelle-Écosse

Everett Farmer

Le 28 mars 1935, juste avant huit heures du matin, Thomasina Saro, une femme de quarante-cinq ans, forte et de petite taille, condamnée à mort pour le meurtre de son mari Nicholas, fut conduite dans la cour de la prison de Bordeaux, à Montréal, pour y être exécutée. Mme Saro mesurait un mètre cinquante-cinq et pesait soixante-dix-huit kilogrammes.

La matinée était fraîche et le bourreau, Arthur Bartholomew English, un homme de soixante-dix ans, avait avalé plusieurs lampées de whisky pour se remonter avant d'effectuer son travail quotidien. La femme était son troisième client de la journée. En effet, ce matin-là, les deux complices de Thomasina Saro, Leon Gagliardi et Angelo Donofrio, avaient déjà fait le plongeon fatal.

Thomasina Saro ignorait que ses deux compagnons avaient été étranglés sur la potence à cause d'un mauvais calcul du bourreau. Elle n'opposa pas de résistance, tendit les bras et se les laissa lier avec une sangle, puis gravit les marches de métal qui la conduisaient au gibet. English passa une cagoule noire sur le visage inerte de la condamnée, serra le nœud coulant, puis actionna le boulon qui ouvrait la trappe.

Un bruit métallique retentit au moment où Thomasina Saro fit un brusque plongeon. En une seconde la corde lacéra sa chair, déchira sa gorge, sectionnant les tendons du cou. Le sang éclaboussa le surplis blanc du prêtre qui assistait à l'exécution.

English, qui avait participé, activement ou non, à plus de six cents exécutions en Angleterre, dans le Middle East et au Canada, avait sous-évalué de treize kilos le poids de Thomasina Saro.

Elle fut décapitée.

Le directeur médical de la prison, le docteur Daniel Plouffe, témoigna plus tard que l'accident avait été causé par « la dégénérescence graisseuse des muscles du cou, qui n'ont pu soutenir le poids du corps. Une fois que les muscles avaient cédé, la peau avait évidemment suivi. Mais personne ne pouvait le prévoir. »

Le sous-directeur, Oscar Bélanger, concéda que « c'était un spectacle regrettable pour ceux qui y assistaient. Plus que pour la condamnée, laquelle est loin d'avoir souffert autant que sa victime. »

Les détails macabres de cette exécution troublèrent la psyché canadienne. En effet, la société avait généralement plus de difficulté à accepter l'exécution d'une femme que celle d'un homme. Ainsi, en février 1937, un comité parlementaire mis sur pied pour décider si l'on devait amender le code pour que soit adoptée une méthode plus humaine d'exécution, comme le gaz, ou la chaise électrique, qui était depuis peu en vogue aux États-Unis.

Le comité comptait parmi ses membres George McPhee, ancien procureur de la Couronne, le député libéral de Yorkton, en Saskatchewan, qui en avait été le président, ainsi qu'Agnes McPhail, première femme élue à la Chambre des communes.

Les membres du comité furent consternés d'apprendre que la décapitation de Thomasina Saro n'était pas le premier incident de ce genre à se produire au pays. En 1926, Dan Prociev, qui avait ébouillanté à mort sa maîtresse avec de l'eau, avait eu la tête arrachée lorsqu'il avait été pendu à Winnipeg. En 1922, au Nouveau-Brunswick, Benny Swim avait survécu à la chute et l'on avait dû hisser le corps de l'homme inconscient pour le pendre de nouveau. À Toronto, la corde qui servait à l'exécution d'un prisonnier anonyme était trop longue, de sorte que la victime se retrouva pratiquement à genoux. Pendant dix-huit minutes, le bourreau poussa sur le dos du condamné, afin d'accélérer sa mort. Enfin, en 1919, Antonia Sprecage mit une heure vingt minutes, un record, pour mourir au bout de sa corde.

Étant donné qu'il n'était pas du ressort d'un comité parlementaire de convoquer des experts qualifiés pour qu'ils témoignent que la pendaison était effectivement indolore, le dit comité dut se contenter de l'avis de ceux qui appliquaient la peine de mort, c'est-à-dire les geôliers, les médecins et les ecclésiastiques. Les témoins furent unanimes : la pendaison était sans douleur et par conséquent il n'y avait pas lieu de la remplacer par un autre châtiment.

Un argument classique invoqué contre l'utilisation de la chambre à gaz fut celui que présenta Hugh Plaxton, député libéral de Toronto-Trinity : « Lorsqu'on exécute un homme, on ne le fait pas dans le simple but de se débarrasser de lui. On le fait en se basant sur la justice, sur le principe qu'il faut donner un exemple. La pendaison a un effet de dissuasion à cause de l'horreur et de l'aspect répugnant de ce genre de mort. »

Le révérend Bernard Poirier, prêtre à Bordeaux, qui avait préparé dix victimes, partageait cet avis : « Les prisonniers sont résignés à leur sort et le jour de leur exécution, aussi pénible soit-il, est aussi pour moi un jour de consolation. *Initium sapientiae timor...* La peur est le commencement de la sagesse [1]. »

Everett Farmer, un travailleur noir de Nouvelle-Écosse âgé de trente-cinq ans, ne comprenait pas le latin et ne lisait sans doute pas les compte-rendus des audiences parlementaires que publiaient les journaux. La peur ne l'avait pas empêché de faire ce qu'il avait fait, le 1er août 1937, à Shelburne, en Nouvelle-Écosse.

Le premier dimanche de ce mois-là, Farmer se rendit à pied à la maison de Raymond Mitchell, chef de police de ce petit village de pêcheurs, situé à deux cents kilomètres au sud-ouest de Halifax.

– J'ai tiré sur un homme, confessa-t-il

– Est-ce qu'il est mort ?

– Je lui ai tiré dessus, mais je n'ai pas vu de sang.

Farmer dit qu'il avait bu avec son demi-frère Zachariah et que tous deux s'étaient disputés :

> – Il m'a traité de salaud de menteur. J'ai dit : « Y'a la porte. Sors, parce que la femme et la famille sont là. »
>
> – J'ai fait : « Je vais te traîner devant les tribunaux ! »
>
> – Il a dit : « Ah oui ! hein ? »
>
> – J'ai dit : « Ouais, je vais le faire. »
>
> – Il a dit : « Espèce de sale con, tu ne pourras jamais me faire arrêter, parce que je vais te tuer !
>
> – Il a fait un bond et a saisi un verre, et quand il s'est avancé vers moi, j'ai couru dans la chambre. J'ai pris le fusil de chasse de calibre .12. Je l'ai entendu qui disait : « Espèce de sale con, merde, je vais te tuer ! » J'ai dit : « Non, tu ne vas

jamais me tuer » ! Je lui ai tiré dessus pour me défendre, Zach allait me tuer et il fallait que je lui tire dessus pour sauver ma femme et ma famille.

La famille du fermier vivait aux alentours de Shelburne depuis cinq générations. Everett et Zachariah étaient les descendants de Jeremiah Farmer, un loyaliste noir de l'Empire uni de Pennsylvanie, arrivé en Nouvelle-Écosse en homme libre en 1783 pour échapper aux persécutions qui sévissaient aux États-Unis à la suite de la guerre d'Indépendance américaine. Sa famille comptait parmi les mille six cents familles noires qui émigrèrent en Nouvelle-Écosse à l'époque et qui furent relocalisées à Birchtown, un ghetto noir situé à six kilomètres de Shelburne.

L'histoire de la communauté noire de Nouvelle-Écosse n'a rien de plaisant. Comme l'ont fait remarquer Donald Clairmont et Dennis Magill dans leur histoire des Noirs de Nouvelle-Écosse, intitulée *Africville* : « Les Noirs étaient plus pauvres que la moyenne des Blancs de Nouvelle-Écosse, lesquels étaient plus pauvres que le Canadien moyen. Tout au long de la colonisation, les Noirs ont dû porter un fardeau supplémentaire, celui des préjugés de l'homme blanc, de la discrimination et de l'oppression. Cela a eu pour résultat de faire des Noirs de Nouvelle-Écosse un peuple marginal dans une région relativement touchée par la dépression. »

La plupart des Noirs ayant émigré en Nouvelle-Écosse étaient des hommes libres. On leur avait promis un traitement égal à celui de leurs pairs blancs, mais les promesses ne furent pas tenues. Comme il fallait s'y attendre, la privation était plus répandue chez les Noirs et, pour survivre, plusieurs d'entre eux furent forcés de se vendre ou de vendre leurs enfants comme esclaves ou de les placer à long terme.

En 1937, la Nouvelle-Écosse était aussi intransigeante et aussi ignorante que l'Alabama dans son attitude envers les Noirs. « Les nègres tapent sur les nerfs des gens blancs respectables », pouvait-on lire dans un journal de la province qui décrivait les relations existant entre les deux sociétés.

Plusieurs habitants de Shelburne savaient que l'homme abattu, Zachariah Farmer, avait déjà été arrêté et acquitté dix-huit ans auparavant du meurtre d'un cousin, Arthur Farmer, à Liverpool en Nouvelle-Écosse. Arthur Farmer avait été abattu avec un fusil dans sa propre maison, le 11 juin 1919. Zach, qui revenait de la guerre et qui avait servi dans l'armée canadienne, prétendit qu'il s'agissait d'un accident. Il déclara :

« Arthur, la victime, s'est levé et est allé en ville m'acheter quelques oranges et des cigarettes. Quand il est revenu dans la pièce, je jouais avec un fusil de guerre : le coup est parti et Arthur est tombé. J'ai eu tellement peur, je ne savais plus quoi faire. »

Pendant les dix-sept années qui suivirent, Zachariah et Everett travaillèrent comme manœuvres. En 1937, ils se retrouvèrent dans une équipe chargée de construire une autoroute près de Lockeport. Un rapport sur le caractère de Zachariah préparé par le shérif de Shelburne, H.J. Hetherington, fournit quelques indices sur le mode de vie de la victime et de l'accusé.

« Zachariah Farmer avait bonne réputation. C'était un travailleur sérieux qui n'a jamais perdu son travail à cause de l'alcool, et en général, quand il buvait, il jouait de l'harmonica. On le considérait comme un homme honnête et il n'a jamais été accusé de vol. Il empruntait souvent de l'argent mais il remboursait toujours ses dettes. Zachariah buvait souvent de l'alcool artisanal dans les bois qui se trouvaient juste derrière chez lui. Quand il buvait avec Everett, son demi-frère, Zachariah avait tendance à parler beaucoup et il proférait souvent des obscénités. Mais c'est une pratique courante chez la plupart des gens de couleur qui vivent dans la région. Il possédait sa propre maison et il vivait avec une femme dans la cinquantaine qui s'occupait de son ménage. »

Marvin Archibal, un habitant de longue date de Shelburne qui connaissait les deux hommes, déclara au *Chronicle Herald* de Halifax en 1984 qu'Everett était « un chic type » et qu'il était « l'ami de beaucoup de gens dans la ville », qu'il était « célèbre pour ses prouesses en tant que receveur dans l'équipe de base-ball locale ». Il décrivait Zach comme un célibataire et comme « un homme plutôt solitaire ».

Les deux hommes vivaient à huit cents mètres environ l'un de l'autre. Ils se rencontraient le dimanche à l'église méthodiste et, en général, ils passaient le reste de la journée à boire ensemble. Leurs beuveries dominicales se terminaient le plus souvent par une discussion enflammée sur un sujet sans importance. Zach était un homme grand, mesurait plus d'un mètre quatre-vingts, et pesait environ quatre-vingt-dix kilos. Bien qu'Everett fût nettement plus petit, c'était un dur. En 1923, il écopa d'un an avec sursis pour avoir battu sa femme, Margaret. À l'époque du meurtre, il fut condamné à un an de prison avec sursis pour avoir agressé son fils Archibald, âgé de quatorze ans.

Everett et sa famille vivaient dans la maison d'une octogénaire, Mme Anna Wilson. On trouva le corps de Zach dans la cuisine. Il était affaissé sur une chaise, l'arrière du cou arraché par la déflagration d'un coup de feu. Une cigarette roulée, au bout encore humide, était tombée de ses lèvres et on la retrouva sur ses genoux.

L'ouverture du procès d'Everett Farmer eut lieu le mardi 28 septembre 1937 et elle coïncidait avec celle de l'Exposition de Shelburne. L'aspect dramatique de la salle d'audience offrait à la foule une « attraction supplémentaire » et, à l'ouverture du procès, les curieux s'amassèrent dans les coins ou s'assirent sur les rebords des fenêtres d'un Palais de Justice suffocant. Ce procès pour meurtre, où l'accusé était passible de la peine de mort, était le premier procès du siècle à Shelburne. Dans l'hebdomadaire *Coast Guard*, on pouvait lire : « Longtemps avant l'heure annoncée, la salle d'audience était bondée et il y avait aussi des gens dans les couloirs, ce qui montre, dans une faible mesure, l'intérêt que suscite le procès. »

La transcription des minutes du procès n'est plus, si elle l'a jamais été, dans le dossier des peines capitales des Archives publiques, à Ottawa. On sait toutefois, grâce aux comptes-rendus publiés dans les journaux, que le juge était William F. Carroll, un ancien député libéral qui avait été nommé juge douze ans auparavant. Le procès Farmer était son premier procès pour meurtre où l'accusé était passible de la peine de mort.

L'absence d'avocat de la défense une semaine avant l'ouverture du procès donnait bien la mesure du statut marginal des Noirs en Nouvelle-Écosse. C'est Vincent Pottier, un avocat de Yarmouth, qui fut désigné pour défendre l'accusé.

En moins de deux jours le procès était terminé.

Annie Wilson déclara à la cour qu'elle n'avait jamais entendu Zach menacer Everett, pour admettre ensuite qu'elle avait dormi pendant presque toute la durée de la dispute et que le coup de fusil l'avait fait tomber de son lit. Selon Annie, la femme d'Everett était arrivée en pleurant et lui avait dit : « Everest a tiré sur Zach. » Environ quinze minutes plus tard, Everett était arrivé et avait dit : « C'est moi qui l'ai fait, je vais me rendre. »

Le témoin suivant fut le fils d'Everett, Archibald.

« Zach et mon père buvaient de la bière », témoigna-t-il.

Ils ne se sont pas disputés pendant que j'étais là. Ils riaient et discutaient. Zach venait à la maison presque tous les dimanches. Mon père gardait toujours un fusil dans un coin de sa chambre à coucher. Sa chambre est en bas, près de la cuisine. Je n'ai entendu aucun coup de feu. C'est ma mère qui m'a réveillé, elle a dit en pleurant que mon père avait tiré sur Zach. Je n'ai jamais entendu mon père menacer de tuer Zach. Ils s'étaient querellés une semaine avant dimanche à cause d'un sac de bois, mais ils n'en sont pas venus aux mains.

Je n'ai jamais vu une arme près de Zach. Pas de bâton, rien. Mon père se sentait plutôt soûl quand je suis descendu. Il m'a parlé, il m'a embrassé et il m'a dit qu'on ne le reverrait peut-être jamais plus. Il sentait la bière et titubait un peu.

Je crois bien que c'est la première fois qu'il m'embrassait.

Margaret Farmer témoigna contre son mari; de nos jours, on ne lui demanderait pas de le faire. À la barre des témoins, elle déclara qu'Everett et Zach se disputaient à cause d'une tente et qu'elle avait entendu Zach dire à son mari : « Ça en fera un de moins en ville et je vais te tuer avant le matin. » Elle ajouta que Zach était assis, un verre à la main, quand Everett était parti chercher le fusil et qu'il avait tiré.

Le témoignage le plus préjudiciable vint d'un expert médical cité comme témoin, le docteur O.L. Fuller. Il dit que le défunt était assis sur une chaise quand il avait été assassiné et qu'à son avis Zachary Farmer était endormi lorsqu'il avait été tué. « Si on lui avait tiré dessus alors qu'il était éveillé, ses yeux seraient restés ouverts », dit le docteur Fuller. « Il avait les yeux fermés. »

La défense soutint qu'Everett devait être trouvé non coupable pour cause d'autodéfense, ou coupable d'homicide involontaire. Mais le procureur de la Couronne, l'avocat de Shelburne, W.P. Purney, exhorta le jury constitué d'hommes blancs de pencher pour le devoir et non pour la compassion. Dans son chef d'accusation, le juge Caroll déclara aux jurés qu'ils devaient choisir entre trois verdicts possibles : coupable, homicide involontaire, ou non coupable.

Le jury revint après deux heures de délibérations. Le président, Stanford Kenney, inspecteur fédéral des pêcheries, avait l'air visiblement secoué lorsqu'il lut le verdict : « Que Zachary Farmer est mort de la blessure provoquée par le coup de fusil que tenait Everett Farmer et que ce dernier a tiré. Nous déclarons E.F. coupable du meurtre dont il est accusé. »

Un journal rapporta ceci : « Le prisonnier écouta le verdict sans montrer aucun signe d'émotion si ce n'est qu'il tournait et retournait un mouchoir blanc dans ses mains. Quand on lui demanda s'il avait quelque chose à dire, Farmer marmonna : « J'ai tiré pour sauver ma femme et ma famille ! »

Le juge Carroll prononça la condamnation : « Vous serez emmené hors de la salle d'audience et emprisonné dans la prison du comté de Shelburne sous bonne garde, en détention solitaire jusqu'au 15 décembre 1937, date à laquelle on vous sortira de votre cellule à cinq heures du matin pour vous pendre haut et court jusqu'à ce que mort s'ensuive. Dieu ait pitié de votre âme ! »

Il existe une photographie du chef de police Raymond Mitchell et d'Everett Farmer se tenant ensemble sur les marches du Palais de Justice après le prononcé de la sentence. Farmer, qui mesurait une bonne tête de moins que le policier, porte une casquette à visière, et fixe l'objectif avec un air de défi. Mitchell sourit.

C'est avec une rapidité inhabituelle que Farmer passa en jugement et fut déclaré coupable. Il n'y eut pas d'appel. Il n'avait pas les moyens de s'en payer un. À Ottawa, le dossier de son procès, dossier qui tient dans une chemise simple en papier kraft, contient un minimum de détails. C'est un exemple parmi tant d'autres de la façon dont la Nouvelle-Écosse éludait la question des Noirs dans la société. En effet, la plupart des autres dossiers remplissent des volumes entiers.

Si Farmer avait été blanc et s'il avait pu se payer une défense correcte, il est probable qu'il aurait été trouvé coupable d'homicide involontaire. Dans tout procès, il est pratiquement automatique que la défense appelle des experts médicaux de son choix à la barre des témoins. Dans ce procès, la défense n'en appela aucun.

Farmer fut détenu dans sa cellule jusqu'au matin de son exécution, deux semaines avant Noël. Ses dernières paroles, avant que sa vie ne disparaisse sous ses pieds, furent : « Au revoir, les gars ! »

Le bref compte rendu que publia le *Coast Guard* le lendemain de sa mort portait ce simple titre :

DERNIER CHAPITRE DANS UN PROCÈS POUR MEURTRE

Pour la première fois dans l'histoire de Shelburne, qui couvre une période de cent cinquante quatre ans, un homme a été condamné à la pendaison pour meurtre.

Hier matin à cinq heures, Everett Farmer, accusé d'avoir assassiné son demi-frère en août dernier, a été tiré de sa cellule étroitement surveillée pour être exécuté.

C'est d'un pas ferme qu'il a gravi les deux volées d'escaliers et il ne s'est pas départi de l'impassibilité qu'il affichait depuis son incarcération.

Le révérend A.R. Reynolds, son conseiller religieux, est resté à ses côtés de minuit jusqu'à la fin et, au moment où la trappe s'est ouverte, il était en train de lire un passage des Saintes Écritures.

Le condamné n'a fait aucune déclaration.

Mardi matin, sa femme et une de ses filles lui avaient rendu une visite d'adieu. Le corps a été réclamé par un demi-frère, Gordon Farmer.

Hier matin, à huit heures, une enquête judiciaire a été menée par le coroner, le Dr L.P. Churchill, et un verdict a été rendu conformément aux faits.

Depuis le procès, le prisonnier avait passé pratiquement tout son temps à lire la Bible et à prier, et, il y a quelques jours, il avait dit qu'il était prêt à mourir.

Le corps de Farmer est enterré au cimetière Pine Grove de Shelburne, lot 68 sud.

---

1. Le comité permanent continua à se réunir pendant les vingt années suivantes. Au moment où il recommanda la chaise électrique, en 1957, le gouvernement Diefenbaker avait déjà lancé sa politique d'abolition de la peine de mort par commutation.

CHAPITRE 2

Île-du-Prince-Édouard

Fred Sterling Phillips et Earl Lund

Freddie Phillips et Earl Lund descendaient en titubant King Street, près des quais de Charlottetown, en cherchant quelque chose à boire. Onze heures venaient de sonner en cette soirée du 30 janvier 1941.

Phillips et Lund avaient regardé des films au Capitol en buvant de l'alcool de contrebande au goulot, la bouteille cachée dans un sac de papier brun. Une fois terminé le premier grand film, *Junior G-Men*, et le second, *The Marshall of Mesa City*, commencé, ils étaient en pleine forme. Ils quittèrent le cinéma en trébuchant et se retrouvèrent dans les rues désertes. La neige accumulée le long des trottoirs s'élevait à un mètre cinquante. Battant la semelle pour se réchauffer, ils se demandaient où ils pourraient bien trouver une autre bouteille.

Les deux hommes formaient un drôle de duo. Fred Sterling Phillips avait vingt-cinq ans. C'était un orphelin frêle et maigre aux yeux bleus, aux cheveux roux crépus et au visage sain, couvert de taches de rousseur. En comparaison, son compagnon Earl Lund, de quatre ans son aîné, avait l'air sinistre : c'était un homme peu attirant, à la peau tavelée, au long nez crochu et dont les yeux noirs semblaient figés dans un strabisme fascinant. Condamné à une peine de dix ans de prison pour attaque à main armée, Lund avait purgé sept ans et venait juste d'être libéré sur parole. Il fêtait sa liberté retrouvée.

Les deux hommes se retrouvèrent tous les deux en face du Trainor's Meat Market, un édifice de deux étages qui faisait le coin, avec la boutique en bas et l'appartement à l'étage. Trainor était à la fois boucher et dépanneur. La lumière tamisée que l'on apercevait derrière les stores baissés semblait invitante. Quand ils découvrirent que la porte avant du magasin n'était pas fermée à clé, ils décidèrent d'entrer.

Juste avant minuit, deux agents de police de Charlottetown, Sterns Webster et le cousin de Earl Lund, Anthony, armés seulement de matraques et de menottes, se dirigeaient vers le même carrefour. Ils furent intrigués par la silhouette d'un homme qui se hâtait sur le coin près du magasin. Les bancs de neige étaient hauts et ils ne pouvaient distinguer que le dessus de la tête de l'étranger, son chapeau.

Les agents trouvèrent bizarre que les lumières de chez Trainor's soient encore allumées. En effet, le propriétaire, Peter Trainor, était un homme de soixante-dix-huit ans en bonne santé et travailleur, qui avait l'habitude de se coucher tous les soirs à dix heures trente.

Ils décidèrent donc d'inspecter les lieux. L'agent Lund regarda par le trou de la serrure, mais ses yeux avaient du mal à s'habituer à la lumière jaune de l'intérieur. Il parvint toutefois à distinguer la silhouette de son cousin, Earl, debout derrière la caisse enregistreuse. L'agent Lund cogna à la fenêtre à l'aide de sa matraque et, n'obtenant pas de réponse, les policiers brisèrent la baie vitrée et sautèrent à l'intérieur.

Les lumières s'éteignirent.

Le vacarme des boîtes qui s'effondraient et les bruits de verre cassé ressortaient du tohu-bohu général. Au moment où les policiers interceptèrent Earl Lund qui tentait de s'échapper par une fenêtre arrière, on entendit une voix à l'étage : « Venez donc me prendre moi aussi ! »

Fred Phillips se tenait debout en haut de l'escalier, braquant les policiers avec l'arme de calibre .32 Smith & Wesson de Peter Trainor, mais le coup ne partit pas et Phillips lança l'arme violemment à Sterns Webster qui bondit dans l'escalier à sa suite. Phillips commença à lancer des bouteilles de boisson gazeuse mais Webster lui sauta sur le dos et les deux hommes déboulèrent ensemble l'escalier.

Quand ils rallumèrent la lumière, les policiers découvrirent avec surprise des éclaboussures de sang dans tout le magasin. Une traînée de sang sur le sol les conduisit à un entrepôt situé à l'arrière. C'est là qu'ils découvrirent le corps de Peter Trainor.

Trainor avait été poignardé à mort. Il avait reçu vingt-deux coups de couteau en tout, dont un qui lui avait tranché la moelle épinière. La tête était pratiquement séparée du corps par une blessure en forme de croissant d'une longueur de trente centimètres, qui partait de l'arrière de l'oreille gauche et qui rejoignait la nuque par l'oreille droite. « Sa tête ne tenait plus que par un bout de peau », se rappelait Webster. Les yeux du mort étaient encore ouverts. Son dentier, sorti de ses mâchoires, avait atterri, en une grimace surréaliste, près d'une barrique.

Fred Phillips et Earl Lund furent traînés à la prison du comté de Queen. Mis au courant du meurtre le lendemain, Phillips et Lund crurent que les policiers leur racontaient des blagues pour essayer de les dessoûler.

Les deux accusés étaient bien connus des policiers. Le chef Albert Bertshisle, les identifiait comme « deux des pires criminels jamais connus à Charlottetown » Lund, le plus vieux des deux, avait du sang blanc et du sang indien. Il avait un casier judiciaire depuis 1929, date à laquelle il s'était fait arrêter, à dix-sept ans, pour effraction. Célibataire vivant avec sa mère veuve, Lund était fort pour un homme qui pesait à peine soixante-huit kilos. Au début des années trente, pendant la prohibition à l'Île-du-Prince-Édouard, Lund avait été reconnu coupable de trente-cinq infractions liées à l'alcool, incluant la contrebande. En 1933, il s'était évadé de prison et, l'année suivante, il avait été condamné à dix ans au pénitencier de Dorchester pour cambriolage.

Fred Phillips, né à Summerside, où son grand-père était préfet de police, commença sa carrière criminelle au même âge que Lund, peu après avoir déménagé à Charlottetown. On l'envoya dans une maison de redressement pour effraction. Sans grand succès, puisqu'on devait ensuite le retrouver incarcéré à la prison du comté pour vol de camion. Marié et père de deux enfants, Phillips divorça. Au début de la guerre, en 1939, il s'enrôla dans l'armée de l'air canadienne mais il eut encore des ennuis avant de pouvoir s'embarquer pour outremer. En effet, cette année-là, il cambriola des maisons pour payer ses factures et se fit arrêter. Il rejoignit Lund à Dorchester, où les deux gars de l'Île se lièrent d'une profonde amitié.

Pour les quinze mille habitants de Charlottetown, le meurtre de Peter Trainor était horrifiant. Le dernier crime de ce genre remontait à au moins quarante ans. Une certaine Minnie McGee avait empoisonné six de ses enfants et peut-être les huit, en leur donnant du thé dans lequel elle avait fait macérer des bouts d'allumettes en bois. On diagnostiqua une pneumonie chez les deux premiers enfants mais quand les six autres moururent les uns après les autres, au printemps, les autorités eurent des soupçons et Minnie fut reconnue coupable et condamnée à la pendaison. Elle eut la vie sauve. Le Premier ministre Robert Borden n'aimait pas qu'on pende des femmes et il commua sa peine.

Du côté de la police, la solution crevait les yeux dans l'affaire du meurtre de Peter C. Trainor et pour eux l'affaire était classée avant même d'être jugée. Fred Phillips et Earl Lund avaient été arrêtés dans le magasin et pris la main dans le sac. Les policiers estimaient la preuve si forte qu'ils ne prirent même pas la peine d'obtenir des aveux verbaux ou écrits des deux hommes.

Il s'agissait pourtant d'une preuve indirecte, personne n'ayant réellement vu le meurtre se commettre. L'examen de la preuve indirecte, à savoir le motif, l'occasion, l'arme et la conduite des accusés, était plus que suffisant pour déclarer coupables Phillips et Lund. Le motif était le vol. L'occasion ? Ils avaient eu amplement le temps de tuer Trainor. Quant à leur conduite au moment de leur arrestation dans le magasin, elle était compatible avec un comportement de culpabilité.

Il manquait toutefois un élément dans l'enchaînement des événements. En effet, de tous les couteaux de boucher et couperets que l'on trouvait dans le magasin, la lame que la Couronne présenta comme pièce à conviction n'était pas celle qui avait servi à tuer Trainor.

Comme les jurés entraient en file dans le vieux palais de justice de Charlottetown au cours de la dernière semaine de juin 1941, il apparaissait immédiatement que le procès de Phillips et Lund serait un véritable spectacle.

Le juge Albert C. Saunders avait été élu quatre fois maire de Summerside avant d'être élu Premier ministre de l'Île-du-Prince-Édouard en 1927 sur la plate-forme du parti libéral, qui était en faveur de la prohibition. Pour ce politicien de soixante-neuf ans converti en juriste, il s'agissait du premier procès pour meurtre où l'accusé risquait la peine de mort.

Sa patience fut rudement mise à l'épreuve par l'avocat de la défense, Lester O'Donnell, qui basa sa plaidoirie sur la théorie raisonnable, quoique mince, qu'un troisième assaillant inconnu

– l'étranger que la police avait vu à l'extérieur du magasin —
avait assassiné Trainor puis quitté le magasin avant que Phillips
et Lund, trop soûls pour se rendre compte qu'un crime avait été
commis à l'intérieur, ne se soient retrouvés sur les lieux.

Si la présence au tribunal d'un ancien Premier ministre
n'avait rien d'inhabituel, ce qui était vraiment extraordinaire,
c'était l'identité du procureur : Thane Campbell, Premier
ministre libéral de l'Île-du-Prince-Édouard, était également
procureur général de la province. Étant donné le manque d'expérience des procureurs de la Couronne de la province,
Campbell avait décidé de prendre les choses en mains. La présence de Campbell dans la salle d'audience conférait au procès
une importance qu'il n'aurait pas eu autrement. En effet, la présomption de culpabilité s'en trouvait augmentée, du moins
dans l'esprit des jurés. Aucun premier ministre n'aurait risqué
sa réputation politique s'il y avait eu la moindre possibilité
d'innocence de l'accusé [1].

L'avocat de la défense, O'Donnell, livra une âpre lutte et se
battit bien.

Il parvint à établir que le couteau produit comme pièce à
conviction n'était pas l'arme du crime.

– En regardant ce couteau, docteur, demande-t-il au coroner
J.D. MacGuigan, est-ce qu'un coup porté avec une force suffisante pourrait causer la plus grande blessure, laquelle s'est avé-
rée fatale ?

– Je ne crois pas, dit MacGuigan. La lame n'est pas assez
tranchante pour causer la blessure la plus importante.

Toutefois, la défense de O'Donnell s'effondra au cours du
contre-interrogatoire, lorsque le témoin vedette de la défense,
Benjamin Gauthier, l'ami de longue date de Earl Lund, devint le
témoin le moins crédible.

Gauthier témoigna avoir vu quelque chose se passer ce soir-
là de l'autre côté de la rue et avoir vu un étranger s'enfuir du
magasin en courant avant que Phillips et Lund ne soient à
l'intérieur. Son pouvoir d'observation était si aiguisé qu'il avait
réussi à identifier tous les acteurs du drame – tous, à l'exception de l'étranger.

Il dit à la cour avoir remarqué que les agents de police Lund et Webster avaient traversé la rue et qu'ils se tenaient devant le magasin, « puis avoir entendu un bruit de verre cassé. »

– Où êtes-vous allé ? demanda Campbell.

– Je remontais la rue quand j'ai entendu un bruit de verre cassé. J'ai accouru.

– Avez-vous l'habitude de surveiller les policiers tard le soir ?

– Non. En général, c'est eux qui me regardent !

– Qu'est-ce que vous voulez dire par là ?

– Bien, je suis un gars qui prend un coup de temps en temps.

– Est-ce que c'est ce que vous faisiez ce soir-là ?

– Non, Monsieur. J'étais tout à fait sobre ce soir-là.

– Vous n'avez dit à personne que vous aviez vu les prisonniers entrer dans le magasin ?

– Non, monsieur.

– Vous n'en avez parlé à personne ?

– Pas après avoir vu cet autre homme sortir directement du magasin. Après tout, ça ne me regardait pas. Ces hommes auraient pu juste entrer s'acheter des cigarettes ou une tablette de chocolat.

– Pouvez-vous me dire comment il se fait qu'en voyant un policier casser cette fenêtre, vous ne soyez pas allé voir pour savoir ce qui se passait ? demanda Campbell, exaspéré.

– Je ne voulais pas m'en mêler, vu que j'ai un casier judiciaire.

Lorsque l'accusé fut appelé à la barre, son témoignage manqua de naturel. O'Donnell commença à interroger Phillips pour qu'il donne sa version des faits dans la soirée du 30 janvier 1941.

– Vous avez remarqué qu'une lumière était allumée dans le magasin de M. Trainor ?

– Oui, Monsieur. On a décidé d'aller chercher une bouteille de *Ginger Ale* ou d'un soda quelconque. On avait le gosier sec.

Puis il ajouta, après coup...

– Ou une bière à deux degrés d'alcool qu'on trouve dans les épiceries.

– Continuez.

– Alors qu'on traversait la rue, les lumières se sont éteintes et un homme est sorti.

– Où êtes-vous allés ?

– On est allés dans le magasin.

– Est-ce que M. Trainor vous a répondu ?

– Non, Monsieur.

– Est-ce que vous avez vu M. Trainor ?

– Non, Monsieur.

Puis Phillips relata les événements, alors qu'ils étaient à l'intérieur du magasin :

– La porte était ouverte et il n'y avait personne. Nous avons appelé mais personne n'a répondu. J'ai pensé que le monsieur était peut-être dans le magasin mais à l'arrière, quelque part, alors j'ai donné des petits coups sur la moulure du bas de la porte qui conduit à la salle à manger ou à l'appartement, je ne sais pas. Je n'ai pas eu de réponse. Alors je ne savais pas quoi penser. En tous cas, je me suis penché et j'ai fait sonner la caisse enregistreuse, je crois.

– Pourquoi vous êtes-vous penché ? Qu'est-ce que vous voulez dire par « je me suis penché ? »

– Je me suis penché pour atteindre le comptoir et j'ai appuyé sur le bouton de la caisse enregistreuse.

– Après ça ?

– Bien une fenêtre s'est cassée, ou quelque chose s'est cassé, et Earl a regardé la porte en disant : « C'est un policier ! » Alors j'ai dit : « On ferait mieux de sortir d'ici. » Je me suis dirigé vers la porte avant. Il m'a rappelé. Il a fait : « Hé ! il y a quelque chose qui cloche ! »

– Comment ça « quelque chose qui cloche » ?

– « Quelque chose qui cloche » ou « quelque chose de louche ». Il a dû y avoir un cambriolage dans ce magasin. Ou un truc comme ça. Si on se fait prendre ici, c'est nous qu'on accusera. De toutes façons, ça sera nous.

J'étais bien d'accord et on s'est dit qu'on allait essayer de sortir de là. On courait partout dans la maison à l'arrière, dans l'arrière-boutique, le magasin, l'entrepôt, toutes sortes de boîtes pleines de trucs. On est tombé sur les boîtes et tout. C'est comme ça qu'on s'est mis du sang partout, en tombant sur les boîtes.

Le témoignage d'Earl Lund ne fut pas aussi désinvolte que celui de Phillips, mais il donna également l'impression d'avoir été répété :

> On a remarqué une lumière dans le magasin. Alors on s'est dit qu'on irait de toutes façons pour prendre une bière à deux degrés d'alcool. On avait le gosier sec. Alors juste au moment où on traversait la rue, les lumières se sont éteintes dans le magasin et un homme est sorti à la hâte. Il ne courait pas mais il ne marchait pas lentement non plus. On a continué à s'approcher du magasin en pensant que le propriétaire devait être en train de fermer la porte à clé, rien de plus, et qu'on arriverait juste à temps. Alors Freddie était devant moi et il a attrapé le loquet ; il a juste donné une secousse et la porte s'est ouverte. En entrant, j'ai regardé et j'ai vu l'homme qui venait de sortir du magasin. Il s'est arrêté d'un coup. Je ne sais pas où il est allé ou ce qu'il a fait après ça. Alors Freddie a appelé mais personne n'a répondu, et il donnait des petits coups sur le bord du comptoir; puis il s'est penché un peu plus et a tapé un peu du pied. Je regardais dans le magasin. Freddie tapait sur le panneau du bas. Ça me semblait être une porte qui donnait sur une autre partie de la maison. Le panneau de la porte : c'est là-dessus qu'il donnait des petits coups. Freddie a dit « Je vais l'avoir » ou quelque chose comme ça et il y est arrivé. Je crois qu'il est monté sur le comptoir, il s'est penché, et j'ai fait...
>
> « Pas de conversation », interrompit Campbell.
>
> – Oh ! Alors j'ai entendu la caisse enregistreuse sonner. Enfin c'était un son de cloche. Je me suis dit que c'était la caisse enregistreuse. Un timbre assez fort. Alors j'étais en train de regarder un pistolet jouet noir qui sert à lancer des amorces. On en voit beaucoup dans les magasins.
>
> – Que s'est-il passé ensuite ?
>
> – Juste à ce moment-là, quelqu'un a frappé à la fenêtre, la vitrine du magasin. J'ai reconnu Anthony Lund.
>
> – Quel métier exerce-t-il ?
>
> – C'est un agent de police. J'ai couru en arrière. Je n'ai pas couru en arrière, j'ai sauté en arrière. J'ai fait : « Nom de Dieu ! Y'a des flics partout ici ! » Cela a fait sursauter Freddie. Je crois que ça lui a fait un peu peur; c'est pour ça qu'il se souvient pas exactement de tout. Alors j'ai fait : « Il y a quelque chose qui cloche ici » et juste comme je parlais à Freddie, la fenêtre

s'est brisée; alors Feddie a levé le bras et il a éteint la lumière. Alors je suis retourné à la porte. Je les ai bien regardés et j'ai vu deux agents de police. Freddie s'est dirigé vers la porte avant et j'ai fait : « Tu ferais mieux de pas aller en avant, il pourrait y avoir quelque chose qui cloche ici. On dirait qu'il n'y a personne ici, pas même le propriétaire du magasin. » J'ai dit : « Sortons par l'entrée de derrière, quelque part à l'arrière. » On a couru au fond et je me rappelle qu'on est allé dans une pièce pleine de boîtes. En tous cas, ça en avait tout l'air… Obscurité totale, des bouteilles. Je n'aurais pas juré ce qu'il y avait là-dedans. Je ne voyais rien. Il faisait sombre. Mais j'ai buté sur quelque chose et je suis tombé. On est sortis et on a couru dans tous les coins, en bas. Je sais pas exactement où on courait. Et puis j'ai vu des lampes de poche. On courait tous tout partout. C'était pas mal excitant. Là je crois qu'on est allé en haut. Je ne me rappelle pas si on est monté ou non. On est monté, en tout cas, je crois que c'est ça. Oui, je crois qu'on est montés et on a couru en haut pendant un bout de temps. Et puis je suis redescendu. Je crois que je suis entré à nouveau dans la pièce où il y avait plein de boîtes. Ça avait l'air de boîtes, de vieux barils et tout; on est remonté.

S'ils se passèrent la corde autour du cou avec ces témoignages, on peut dire qu'ils serrèrent le nœud au cours du contre-examen mené par Thane Campbell :

> – Si vous ne faisiez rien de malhonnête dans le magasin, pourquoi n'avez-vous pas ouvert la porte pour laisser entrer les policiers ? demanda-t-il.
> – Ils nous auraient arrêtés s'il y avait eu quelque chose qui clochait, répondit Phillips.
> – Qu'est-ce qui vous a donné l'idée que quelque chose clochait ?
> – Ben, que les policiers tapent à la fenêtre.
> – En d'autres termes, vous avez eu une vision plutôt prophétique.
> – J'ai entendu parler de plein de types qui étaient innocents de choses dont on les accusait, dit Phillips, maladroitement.
> – Alors vous étiez tout à fait innocents ?
> – Certainement, Monsieur.

– Mais vous aviez peur de vous faire prendre dans l'immeuble ?

– Certainement.

– Pourquoi aviez-vous peur si vous n'aviez rien fait de mal ?

– C'est très bien quand c'est quelqu'un de votre rang social, répond Phillips en montrant du doigt le premier ministre. Pas du mien.

Un juge d'audience possède une grande latitude dans l'analyse de la preuve, mais dans son discours au jury, le juge Saunders ne se contenta pas de l'analyser, il la mima et la joua. Dans ce qui reste une des plaidoiries les plus inhabituelles adressées à un jury par un juge d'audience dans une cour canadienne, Saunders commença par concéder qu'il « n'y avait pas de preuve positive ni directe » que les prisonniers avaient commis le crime. Cela étant dit, il poursuivit : « Très souvent dans des procès criminels, nous ne pouvons jamais avoir de meilleure preuve que circonstancielle et très souvent aussi, c'est aussi sérieux et tout aussi fiable qu'une preuve directe parce que les faits « ne mentent pas » comme le font les êtres humains. »

Il lança un regard furieux aux accusés et poursuivit :

> Il est inutile que je vous rappelle que des prisonniers coupables vont naturellement se raccrocher à n'importe quoi pour avoir la vie sauve. Ils peuvent fabriquer n'importe quelle histoire pour les besoins de la cause. Un serment ne veut rien dire pour eux. Je ne dis pas que les prisonniers sont coupables. Mais je n'hésite pas à dire que je n'ai guère été impressionné par la preuve qu'ils ont présentée.
>
> La souffrance que ce pauvre vieillard a dû endurer tandis qu'il se faisait brutalement agresser par des voyous est sans doute la chose la plus scandaleuse qui soit jamais arrivée dans cette province. Vingt-deux coups ! Si profonds que la blessure a presque décapité le pauvre homme ! Je vous le dis, Messieurs. Tellement horrible qu'il est difficile d'imaginer ce qui a dû arriver à ce pauvre vieillard.

Sa respiration se fit plus lourde comme il brandissait la main en direction de Phillips et de Lund : « Et ils demandent notre pitié et notre compassion ! Quelle compassion ont-ils témoignée à ce pauvre vieillard ? Quelle compassion méritent-ils donc ? »

Puis, rompant de manière saisissante avec le décorum de la cour, Saunders quitta le tribunal, sortit une matraque factice et un mouchoir de l'intérieur de sa robe et poursuivit son accusation comme l'aurait fait un acteur amateur.

Jouant les rôles de la victime et des accusés, il fit preuve d'un talent dramatique rudimentaire, changeant sa voix pour qu'il n'y ait pas d'erreur sur le personnage qu'il interprète.

« Peut-être que Trainor a découvert qui ils étaient et qu'il a dit : " Vous me le paierez ! "

Les accusés sont allés tellement loin qu'ils se sont dit qu'ils devaient finir leur besogne. »

Puis il commença à battre l'air en poignardant une victime imaginaire.

« Selon moi, voici comment les choses se sont passées. Ces hommes sont entrés dans le but de voler ce vieil homme. Pas dans le but de le tuer, non. Quelle preuve y a-t-il d'un cambriolage ? La preuve la plus forte que je puisse imaginer. Ici, disons qu'il y a la matraque. Ils ont pris cette matraque et ils avaient une raison pour ça. Ils ne sont pas allés là, j'en suis convaincu, pour tuer l'homme. Qu'est-ce qui me fait dire ça ? Le fait qu'ils auraient pris une vraie arme, un pistolet et qu'ils auraient tiré sur l'homme, ou un couteau ou un poignard. »

Satisfait de sa performance, Saunders regagna son siège pour la conclusion de son accusation.

« Je pense qu'il doit être clair pour tout le monde que les accusés se sont fait prendre dans le magasin dans des circonstances qui ne laissent aucun doute quant à leur culpabilité. Rappelez-vous, ce ne sont que mes idées et je peux me tromper », dit-il en souriant au jury.

Je ne dis pas que ces hommes sont coupables. Selon ma vision des choses, il est peu probable qu'une autre personne se soit trouvée dans ce magasin entre vingt-deux heures trente, le 30 janvier, et midi dix, le 31 janvier. Dans ce monde, beaucoup de choses sont possibles mais à mes yeux, il est au-delà de toute probabilité raisonnable qu'une coïncidence aussi étrange ait pu se produire. Il m'apparaît que les accusés, qui ont fait de la prison, planifiaient un cambriolage. Je pense qu'ils ont tenté leur chance et que ça a avorté ou qu'ils ont perdu le contrôle de la situation. Je suis convaincu que l'homme que les policiers ont vu était leur guetteur ou un complice. Je suis convaincu que l'histoire qu'ils nous ont racontée en cour était une pure invention.

Regardant les jurés, il termina : « Si vous déclarez ces hommes non coupables, je crains que vous l'ayez sur la conscience. »

Saunders venait de parler plus de trois heures; le jury délibéra moins de trente minutes avant de rendre un verdict prévisible.

Avant de prononcer la sentence de mort, Saunders demanda aux accusés s'ils avaient quelque chose à dire. Phillips dit : « Je n'ai rien à dire contre le verdict et je suis satisfait, ce procès a été un procès juste… mais bien que le jury trouve que le poids de la preuve est contre nous, nous insistons pour dire que nous ne sommes pas coupables du meurtre de Peter C. Trainor. »

Saunders les condamna à être pendus six semaines plus tard, soit le 20 août 1941. Puis, comme s'il avait un doute, il pressa les condamnés qui quittaient la salle d'audience sous escorte, d'avouer leur crime. « Je vous conseille de faire une confession complète par écrit, ne serait-ce que pour démontrer à ceux qui pourraient suivre vos traces que le crime ne paie pas. Vous devriez faire cette confession pour montrer de façon claire et nette votre repentir. »

C'était la première pendaison à l'Île-du-Prince-Edouard depuis que William Milman était monté au gibet, le 28 juin 1888, pour le meurtre de sa fiancée enceinte, Mary Tuplin, âgée de dix-sept ans. Milman craignait que si Tuplin « jurait que l'enfant était de lui, cela le placerait en mauvaise posture, et que si sa mère en entendait jamais parler, elle devienne folle. » Il lui tira un coup de feu dans la tête et jeta le corps de la jeune femme dans une rivière.

Se souvenant de la décapitation récente de Mme Saro (voir le chapitre un), Campbell, Premier ministre, écrivit au Ministre fédéral de la Justice, W. Stewart Edwards, pour lui prodiguer le conseil suivant : « Il est de la plus haute importance que cette malheureuse cérémonie se déroule sans incident (comme cela est arrivé dans les années précédentes) et comme nous n'avons pas d'expérience récente dans ce domaine à l'Île-du-Prince-Édouard, je sollicite votre avis concernant les services d'un bourreau compétent. »

Le ministre adjoint ne l'aida guère : « Les autorités fédérales n'étant pas chargées de procéder aux exécutions capitales, je suis dans l'incapacité de vous fournir le renseignement de première main que vous demandez. »

On finit par trouver un bourreau à Montréal, qui dut se rendre à la prison du comté de Queen deux jours avant la date prévue, afin de préparer la double exécution.

Ni Phillips ni Lund n'avaient les moyens de faire appel et leur avocat, Lester O'Donnell, supplia le Ministre fédéral de la Justice, Ernest Lapointe, d'intervenir : « Ces hommes ne peuvent absolument pas se permettre de payer des avocats expérimentés pour obtenir un nouveau procès », écrivit O'Donnell. Il demanda qu'il y ait soit un nouveau procès, soit une commutation de la peine en emprisonnement à vie.

La mère d'Earl Lund, Matilda, écrivit à Lapointe, faisant appel elle aussi à sa clémence : « Je suis une pauvre veuve qui essaie de gagner sa vie et ce fils est mon seul espoir. » Sa lettre écrite au crayon a été conservée au dossier. « Ne croyez-vous pas que c'est au gouvernement d'avoir un autre procès et qu'il ne faut pas les laisser ainsi à un juge qui n'a pas toute sa tête ? »

La sœur de Phillips, Olive, écrivit au roi : « Je sais que vous êtes occupé en ce temps de guerre et je suis sûre que vous compatissez avec nos jeunes hommes qui ont perdu la vie au combat; je suis sûre que vous ne voudriez pas qu'on prenne la vie de mon frère qui donnerait n'importe quoi pour faire partie des forces de combat en ce moment. Je ne condamne pas le jury de les avoir trouvés coupables. C'est le juge Saunders. C'est la première fois que j'entends un juge parler comme ça… il n'est pas censé prendre parti mais il était contre mon frère depuis le début. Lui et moi, nous sommes orphelins… il est tout ce qui me reste. »

Le roi Georges VI n'a probablement jamais vu la lettre; Buckingham Palace la renvoya à l'attention du Gouverneur général, le vicomte Alexander de Tunis, qui la transmit au Ministre fédéral de la Justice trop tard pour faire quoi que ce soit.

Le dernier à faire appel fut Fred Phillips : « Comme vous le savez, Earl Lund et moi-même nous devons être exécutés le 20 août. J'écris cette lettre pour voir si vous pourriez user de votre influence pour que notre peine soit commuée. Je ne prendrai pas plus de votre temps précieux en vous donnant des détails de notre procès, mais si vous pouvez faire quelque chose pour nous... et bien il est inutile que je vous dise combien je vous serais reconnaissant. »

Sterns Webster assista à la pendaison. « C'est la chose la plus abominable que j'aie jamais vue. »

Il ajouta :

> Alors qu'ils étaient encore tous deux détenus, j'ai dit à Freddie : « Freddie, tu vas t'effondrer quand l'heure arrivera. » Mais il n'a pas flanché, Lund non plus. Aucune émotion chez les deux hommes. Ils ont pris leur dernier repas, des sandwiches au poulet et un thé, à deux heures du matin et ils ont marché à la potence avec un tel calme qu'on aurait dit qu'ils allaient au cinéma. C'était vraiment des durs.
>
> « Je me sens un peu bizarre mais je n'ai pas peur », dit Phillips.
>
> Ils se tenaient côte à côte sur le gibet, construit dans un grand espace hors de l'enceinte de la prison. Phillips tomba sans problème, mais Lund était costaud et il avait un cou de taureau qui devait faire quarante-cinq centimètres : il fut étranglé par la corde. Le bourreau fut obligé de lui sauter sur les épaules pour écourter son agonie. Je ne recommanderais jamais la pendaison.

Le jour de l'exécution, le *Patriot* de Charlottetown publia un poème en neuf strophes qu'avait écrit Phillips :

AVERTISSEMENT

> *Je suis assis ici en attendant*
> *Mon heure ne va pas tarder*
> *Et bientôt je serai avec mon Créateur*
> *Loin d'ici tout là-haut.*

Mon cher vieux père et ma chère mère
Et ma petite sœur aussi
Sont là-haut au paradis
Tout là-haut dans l'azur.
Ça sera une joyeuse réunion
Quand j'arriverai là-haut
Et Dieu dans sa pitié me fera partager
Sa demeure céleste.
Ma vie a été si vide
De Dieu et du bien
Mais je sais qu'il m'aime
À cause des souffrances qu'il a endurées.
Il est mort sur la croix du calvaire
Pour les pêcheurs juste comme moi
Et si vous lisez bien ce petit poème
Vous le rendrez heureux, je crois.
Alors les gars s'il vous plaît écoutez-moi
Le crime ne paie pas
Et si vous êtes sur un chemin tordu
C'est ici qu'il vous mènera.
Prenez par exemple Dillinger
Il venait des États-Unis
Et prenez notre Red Ryan
Il repose dans une tombe ici.
Ce sont seulement des exemples
Que ce que je dis est vrai
Et si vous ne m'écoutez pas
Ça vous arrivera sûrement.
Je n'en dirai pas plus les gars
Vous savez tous pourquoi
Souvenez-vous juste d'une chose
« Regardez » ce qui m'est arrivé.

---

1. La présence de Campbell était intermittente mais légale, du fait qu'il était aussi procureur général. Un précédent du genre avait été établi par le Premier ministre Sir John A. Macdonald, qui présidait avec le juge lors du procès de James Whelan, accusé de l'assassinat de D'Arcy McGee. Whelan avait été reconnu coupable et pendu.

CHAPITRE 3

Saskatchewan

Jack Loran

La ville de Burstall est située dans un coin isolé du sud-ouest de la Saskatchewan, à huit kilomètres de la frontière avec l'Alberta. Au début de l'été, les champs de blé luxuriants qui entourent la petite communauté ondoient comme les vagues vert foncé d'un océan de silence.

En Saskatchewan, les vents puissants et incessants soufflent toute l'année. Le samedi 29 juin 1945, dans la soirée, la brise sensuelle était un véritable baume qui venait rafraîchir la centaine d'habitants qui s'étaient réunis, comme ils le faisaient chaque samedi soir pendant la guerre, pour le bal qui avait lieu à l'Hôtel de ville, situé rue Principale.

Le hall d'entrée était rempli de couples qui dansaient sur la musique de l'orchestre de Henry Schultz, un quartet poussif composé d'un accordéon, d'un piano, d'un saxophone et d'une batterie, qui jouait des airs à la mode comme *Don't Fence Me in*, *A Cowboy's Lament* et *As Time Goes By*. Dehors, une odeur d'alcool artisanal et de vomissure flottait dans l'air chaud de la nuit.

Jack Loran aimait danser. Il aimait aussi boire et se battre et n'était pas le garçon de dix-neuf ans le plus populaire auprès des jeunes femmes de Burstall. C'était un garçon courtaud, à la silhouette massive, en forme de poire et aux traits affaiblis. « Jacob » (que tout le monde appelle Jack) était le plus jeune d'une famille composée de sept enfants : six garçons et une fille. Il était né le 22 septembre 1925 de Joe Loran et de sa femme Eva. En 1910, la famille Loran émigra de Russie pour venir au Canada et s'installa sur une terre de 160 acres, près de Burstall. La crise de 1929 et la dépression qui s'ensuivit ébranlèrent sérieusement la famille et Joe Loran « diversifia » ses activités de fermier en distillant de l'alcool, une pratique qui le conduisit en prison au printemps de 1934. Comme son père, Jack acquit le goût de la boisson forte.

Le dernier samedi de juin 1945, Jack Loran était au bal, soûl et insupportable.

Six mois auparavant, pendant les vacances de Noël, Jack s'était amouraché d'Alvina Hermann, une jeune fille de seize ans dont le père était un riche voisin. C'était un amour à sens unique, car non seulement Alvina ne l'encourageait pas, mais les attentions de Jack à son égard l'horripilaient. Jack était du type insistant. Au grand mécontentement d'Alvina et de ses parents, il téléphonait à la ferme à n'importe quelle heure du jour et de la nuit.

Pendant le bal, l'humeur de Jack s'assombrit. Il abreuva ses aspirations d'adolescent avec de l'alcool fait maison. Tandis que la musique jouait, il croyait entendre des voix qui le raillaient :

Gehen wir zu Alvina !
Allons voir Alvina !
Let's go see Alvina !

Abruti par l'alcool et très excité sexuellement, Jack décida d'obéir aux voix. À minuit, alors que l'orchestre jouait le *God Save the King* pour marquer la fin du bal, Jack demanda à un ami, Emil Frederick, de l'accompagner chez Alvina.

« Tu prends quelle voiture ? » lui demande Emil.

« Celle de mon frère » répond Jack.

Jack avait brisé le moteur de la voiture familiale, une Ford 29, et après qu'on l'eut fait remplacer, il n'eut plus la permission de la conduire. C'est son frère Edwin qui l'avait amené au bal. À une heure du matin, un voisin raccompagna Jack en voiture à la ferme paternelle, située à cinq kilomètres de Burstall. Sur le chemin du retour, Jack se vanta que son père allait acheter une nouvelle voiture, une conduite intérieure noire, une Ford 1940, « juste comme celle du vieux Gustav Angerman ».

Gustav Angerman, un émigré russe de soixante-quatre ans d'origine allemande, vivait de l'autre côté de la route où se trouvait la ferme de Joe Loran. Angerman était arrivé dans la région en 1910, année durant laquelle le père de Jack s'installait à Burstall. Ensemble, les deux familles défrichèrent et cultivèrent la terre. Jusqu'à la construction du chemin de fer, en 1920, ils transportaient le blé en charrette à cheval, parcourant ainsi les cinquante kilomètres qui les séparaient de l'élévateur le plus proche, situé à Estuary, au bord de la rivière Saskatchewan Sud.

C'est avec la construction, par le Canadien Pacifique, d'une ligne secondaire qui traversait la région, que Burstall vit le jour. Cette authentique ville de l'ouest, composée de quelques modestes maisons, d'une pompe à essence, d'élévateurs à grain, d'un café oriental, d'une salle de danse et d'un magasin général, doit son nom à Sir Henry Burstall, qui mourut à la tête de la Deuxième division canadienne pendant la Première Guerre mondiale. La dépression semblait toucher moins durement la famille Angerman que la famille Loran. Gustav Angerman était un homme respecté que l'on considérait comme le patriarche de la communauté.

Jack Loran n'aimait pas le vieux fermier. Angerman avait surpris Jack en train de boire de l'alcool artisanal quelques mois auparavant et il l'avait livré à la police. Jack avait dû payer une amende de cent dollars, ce qui représentait une bonne somme en 1945.

En rentrant chez lui après le bal, Jack trébucha sur le porche arrière de la ferme et tomba sur une carabine à répétition Browning. Il s'en empara et décida, sur un coup de tête, de rendre visite à Gustav Angerman.

Jack se mit en route à travers champs en direction de la ferme Angerman; de la poussière épaisse comme du talc noir tournoyait sous ses pieds. Angerman, qui vivait à Burstall pendant l'hiver et dans sa ferme l'été, était seul. Sa femme, Ernestina, était hospitalisée à Medicine Hat. Angerman avait l'intention d'aller en voiture en Alberta dans la matinée du dimanche. Il s'apprêtait à aller se coucher lorsqu'il entendit un coup sec à sa fenêtre, un peu avant deux heures du matin.

« Qui est là ? demanda-t-il. Qu'est-ce que vous voulez ? »

Jack devait avouer plus tard : « je n'ai jamais dit qui c'était, j'ai juste dit qu'on avait un problème mécanique et j'ai demandé s'il voulait bien nous raccompagner chez nous. »

Angerman avait la bizarre habitude de ne jamais sortir de chez lui sans mettre son chapeau, quelle que soit l'heure ou la saison. C'est donc avec son chapeau sur la tête qu'il se rendit à la porte.

« Quand il est sorti de la maison, j'ai tiré trois coups de feu sur lui, dit Loran à la police; je lui ai demandé les clés de sa voiture. Il les a sorties de sa poche et les a jetées sur le sol. J'ai pris les clés et je suis allé dans la grange. Une fois au volant, j'ai fait marche arrière et je me suis rendu à la maison. Je voulais voir s'il était mort. J'ai fouillé ses poches et trouvé un portefeuille qui contenait deux dollars. Et puis je suis parti. »

Juste avant onze heures ce samedi matin, le gendre de Gustav Angerman, Gotblieb Roth, parti acheter des pommes de terre, découvrit son beau-père tout habillé, le chapeau encore sur la tête, gisant à terre près de la porte arrière de la ferme. Au début, Roth pensa que son beau-père avait eu une crise cardiaque. Mais en examinant le corps, il découvrit qu'il était criblé de balles de calibre .22. La blessure la plus profonde se trouvait au sternum, juste sous la gorge. Dans la poche arrière droite, il trouva un portefeuille contenant neuf cents dollars en liquide. La seule chose qui semblait manquer, c'était une Ford, une conduite intérieure noire, immatriculée en Saskatchewan sous le numéro 98010 et qui était normalement garée dans la grange.

Roth alla chercher de l'aide chez les voisins les plus proches, qui se trouvaient être la famille Loran. Joe Loran et son fils Tom s'apprêtaient à partir à l'église. Thomas Loran fut interrogé ce dimanche matin :

    – Qu'avez-vous trouvé lorsque vous êtes rentré chez vous ?
    – Je me suis aperçu qu'il manquait une carabine.
    – Avez-vous fouillé les lieux pour la retrouver ?
    – Oui.
    – Et vous ne l'avez pas retrouvée ?
    – Non.
    – Y a-t-il autre chose qui manquait ?
    – Mon frère Jack.

Après la fusillade, Jack était parti à toute allure dans la voiture d'Angerman pour voir Alvina. La famille Hermann dormait lorsqu'il s'arrêta dans leur allée et qu'il appuya sur le klaxon en hurlant le nom d'Alvina. Son père, Wilhelm, venait de se coucher. Il se leva et sortit. L'ampoule allumée du porche à l'arrière lui permit d'apercevoir une carabine de calibre .22 sur la banquette arrière du siège de l'automobile. Loran dit qu'il voulait voir Alvina.

Le bruit réveilla Alvina qui descendit et qui trouva Jack assis dans la voiture.

Il lui demanda si elle voulait aller à une fête.

Alvina était furieuse. « Je lui ai dit ce que je pensais de lui, dit-elle; je lui ai dit d'aller se faire voir ! »

De la ferme de Hermann, Loran roula jusqu'à la ferme Frederick où il invita Emil Frederick à se rendre avec lui jusqu'à Medicine Hat, pour « baiser ».

Emil accepta d'y aller et les deux garçons roulèrent dans la nuit jusqu'à Medicine Hat. Comme Jack n'arriva pas à trouver la fille qu'il cherchait, il s'arrêta à l'aube à la maison de sa sœur. Son beau-frère lui dit de s'en aller, qu'il n'était pas le bienvenu de si bonne heure un dimanche matin. À Medicine Hat, trois soldats offrirent de payer Loran pour qu'il les conduise à Lethbridge.

Pendant ce temps, on avait découvert le corps d'Angerman et la police émit un communiqué pour rechercher le véhicule manquant.

Le dimanche, en fin d'après-midi, comme Loran s'arrêtait à Bow Island pour faire le plein et continuer sa virée, il fut arrêté par les agents de la GRC qui trouvèrent la carabine sur le siège arrière. Ils l'arrêtèrent pour possession d'un véhicule volé et présomption de meurtre.

Loran nia avoir tué.

Transféré d'Alberta dans une cellule de détention à Leader, en Saskatchewan, Loran prétendit que le cordonnier de Burstatl, Fred Flug, connu de la police pour sa contrebande d'alcool, n'avait cessé de remplir son verre d'alcool et avait eu l'idée de voler Angerman. C'est Flug, dit-il, qui avait assassiné le vieux fermier. Jack reconnut avoir volé la voiture d'Angerman pour échapper à Flug. « J'avais peur que Freddie me tue après, dit-il. Si Flug ne m'avait pas fait boire, je ne l'aurais certainement pas fait. » Il fit une pause puis se reprit : « Je n'aurais certainement pas volé la voiture, je veux dire. J'étais soûl toute la

journée à cause de ce qu'il m'a fait boire. Je me serais rendu à la
police et j'aurais tout raconté une fois dessoûlé. »

Fred Flug fut arrêté et conduit à Leader, où il fut emprisonné
avec Loran. Flug fut vite relâché. En effet, l'enquête policière
révéla qu'il avait un alibi : plusieurs témoins pouvaient jurer
qu'il ne se trouvait pas près de la ferme Angerman, le dimanche
matin à l'aube, lorsque la fusillade eut lieu.

Loran demanda à voir un prêtre catholique. Il demanda la
permission d'aller avec lui faire une promenade à la campagne,
pour « se calmer les nerfs ».

La police fut d'accord.

Lorsque Loran et le prêtre revinrent au poste de police, Jack
avoua en pleurant : « J'ai menti et je pense que vous savez aussi
que je veux faire des aveux complets. »

Un aveu de culpabilité ne constitue pas en soi une preuve
de celle-ci. Il fut décidé que la défense de Loran serait assurée
par deux avocats, Murdoch Alexander MacPherson Sr, un
ancien procureur général, et son fils, M. S. « Sandy »
MacPherson Jr qui venait juste de revenir du front pour aider
son père au procès.

C'est le jeune MacPherson qui mena l'enquête préliminaire.
Il se souvient : « Ma première rencontre avec Loran a eu lieu
dans une petite salle verte réservée aux interrogatoires, meu-
blée d'une table et de deux chaises. Loran a refusé de s'asseoir.
Il s'est accroupi dans un coin, comme pour se cacher. Comme
c'est un type de petite taille, il avait l'air minuscule assis dans
cette position. »

MacPherson ne se souvenait d'aucune conversation utile
avec Loran. « Dès le début du procès, nous nous sommes rendu
compte, mon père et moi, que la seule défense possible était de
plaider l'aliénation mentale. Il s'agissait d'un meurtre insensé,
d'un crime gratuit. Loran n'avait pas tenté de cacher l'arme du
crime retrouvée sur le siège arrière du véhicule. C'était exactement
comme s'il ne savait pas que tuer est mal, ce qui est l'essence même
de la folie. »

Pour mieux comprendre la difficulté de la tâche qui attendait McPherson, il faut souligner que l'invocation de l'aliénation mentale remonte à un ensemble complexe de directives

connues sous le nom de *McNaghten Rules*. Ces règles ont été édictées en 1843, après le meurtre du secrétaire du Premier ministre Robert Peel, perpétré par un fou. La règle McNaghten simplifiée énoncé que la loi ne retient le plaidoyer de défense pour aliénation mentale que si l'accusé est à ce point fou furieux qu'il lui est impossible de distinguer le bien du mal.

À cela s'ajoute le fait que la Couronne a deux possibilités. Elle peut premièrement insister sur le fait que le prisonnier n'est pas fou du tout. Mais elle peut aussi alléguer que même si l'accusé est jugé fou pendant le déroulement du procès, cela ne prouve pas qu'il était dérangé au point de diminuer la responsabilité de ses actes. En d'autres termes, un individu peut, en même temps, être fou du point de vue médical, et sain d'esprit du point de vue légal.

Au Canada, les jurés se montrent généralement méfiants à l'égard d'un plaidoyer pour aliénation mentale. En outre, les MacPherson faisaient face à un problème plus grave. « En 1945, la psychiatrie n'était pas considérée en Saskatchewan comme une véritable profession. Qui plus est, la famille de Jack Loran n'avait pas les moyens de payer une évaluation de qualité qui, à Winnipeg ou ailleurs, aurait obligatoirement été faite par un psychiatre. »

Dans l'esprit de MacPherson, l'exercice qui suivit demeurait jusqu'à ce jour « incroyable ».

Le Roi contre Loran, le procès de Jack Loran pour le meurtre de Gustav Angerman, débuta le 20 novembre 1945 dans le petit Palais de Justice de Swift Current. Le juge P. M. Anderson présidait. C'était, depuis novembre 1929, le premier procès pour meurtre où l'accusé était passible de la peine capitale à avoir lieu dans la région. L'année précédente, Herman Ravinsky, un représentant de commerce âgé de vingt-neuf ans, avait été reconnu coupable du meurtre de David Katz, un vendeur de vêtements. Le procès de ce qu'on appela « le meurtre de la dune » suscita, comme l'affaire Loran, un intérêt sans précédent et la salle d'audience était bondée de curieux qui avaient fait des kilomètres pour y assister.

Les MacPherson faisaient face au plaidoyer du procureur de la Couronne, William Rose, un homme respecté et considéré comme un des meilleurs et des plus consciencieux avocats de l'histoire judiciaire de la Saskatchewan.

Les faits qui ressortirent au début du procès étaient les suivants : l'après-midi du meurtre, Jack avait passé la journée à tirer sur des merles avec son père. Loran voulut aller au bal ce samedi soir-là, mais son frère Edwin n'avait pas envie de l'emmener à Burstall.

– Est-ce que vous allez souvent dans des bals près de la ville de Burstall ? demanda la défense à Edwin.
– Oui.
– Est-ce que Jack vous accompagnait ?
– Pas très souvent.
– Pourquoi ne l'avez-vous pas emmené ?
– Je n'aimais pas l'emmener avec moi.
– Pourquoi ? Qu'est-ce qu'il faisait dans les bals ?
– Il devenait batailleur, il se mettait à boire et il voulait se battre.

Le père de Jack témoigna que l'éducation n'était pas une priorité dans la famille Loran et que Jack avait abandonné sa septième année pour aider à la ferme. Joe Loran décrivit son fils comme un « piètre travailleur, qui râlait pour tout et sur lequel on ne pouvait pas compter. »

D'autres membres de la famille témoignèrent que Jack avait commencé à devenir ombrageux, imprévisible et irascible après l'été de 1935, alors qu'il n'avait que neuf ans. Il tomba en conduisant les vaches et s'ouvrit le crâne sur une balle de fil barbelé. À l'époque, c'est-à-dire avant le régime d'assurance-santé, les parents de Jack étaient trop pauvres pour se payer des soins médicaux. Jack dut garder le lit plusieurs semaines avant que ses blessures ne guérissent. La preuve qu'il était dérangé mentalement faisait surface à l'école primaire, où ses camarades de classe le considéraient comme une sorte de cancre. Ils le surnommèrent « Shorty », un nom qu'il détestait. La nuit, il entendait les voix de ses camarades, dans sa tête, qui le taquinaient en allemand, en français et en anglais.

Jack, frustré de ne pas être un écolier comme les autres, fit souvent des crises d'agressivité. On dit à la cour qu'un jour, alors qu'il trayait une vache, il prit un seau, le jeta sur l'animal puis tenta de lui crever les yeux avec une fourche. Une autre fois, parce qu'elle ne tournait pas comme il voulait, il jeta une baratte sur le sol et en cassa la poignée.

Son frère Edwin témoigna que lorsqu'il avait douze ou treize ans, on avait surpris Jack « dans la porcherie en train d'essayer de violer un cochon. » Un psychiatre confirma en déclarant : « Jack a eu une sexualité très précoce. Il porte un intérêt très prononcé pour le sexe. »

Il ne faisait aucun doute que Jack Loran avait appuyé sur la gâchette de la carabine qui avait tué Angerman. Ce que les MacPherson tentaient de faire, c'était semer le doute dans l'esprit du jury quant à la capacité de Jack de former l'intention de tuer. La défense tenta d'établir un passé de déficience mentale dans la famille, en s'appuyant sur le fait que le frère de Jack, Edwin, avait eu des vertiges dans sa vie civile avant de joindre l'armée de l'air.

Le plan d'action fut rapidement mis en pièces par la Couronne, qui le qualifia de non pertinent.

Le principal témoin de la défense fut O.E. Rothwell, le médecin responsable du service de psychopathie de l'hôpital général de Regina. MacPherson se souvenait de Rothwell comme d'un « vieux type à la manque qui se disait psychiatre. » En réalité, Rothwell était diplômé de McGill en 1907 et il approchait de la retraite.

Le témoignage de Rothwell était crucial pour la défense, mais le témoin se présenta à la barre sans ses notes, qu'il avait laissées par inadvertance à son bureau de Regina. Il reconnut, à l'avantage de la partie adverse, que le meurtre était « un cas frappant, du fait qu'un homme aussi jeune puisse posséder un tel degré de cruauté. » Il poursuivit en disant que l'accusé devait être dans « un état de fureur ou de fugue ». Il poursuivit en utilisant le terme plus explicite de « crise obscure d'épilepsie, le grand mal, si vous voulez. »

Le Dr Rothwell ajouta : « Nous entendons souvent l'expression " crime complet ". La complétude réside essentiellement dans le fait de cacher sa culpabilité. Or j'appellerais ce crime un crime incomplet. Il n'y a rien chez Jack Loran qui indique qu'il ait voulu cacher quoi que ce soit, rien qui montre qu'il savait qu'il avait fait quelque chose de mal. »

Dans sa tentative de pousser l'inculpation, la Couronne appela à la barre le médecin de la prison. Mais dans son rapport, le Dr A. M. McNeil, qui travaillait à la prison de Regina, témoigna que Loran semblait « indifférent à son procès et cela n'était pas la réaction d'un individu ordinaire. »

Le principal témoin à charge fut le Dr A. R. Coulter, qui faisait partie de l'équipe qui travaillait dans une institution psychiatrique à Weyburn. Les références de Coulter n'étaient pas aussi impressionnantes que celles de Rothwell, mais il s'avéra être un meilleur témoin.

Coulter décrivit Loran comme étant « assez coopératif et plaisant, pas du tout confus, un garçon qui semblait être en prise avec son environnement. » À son avis, conclut-il, Loran faisait semblant d'être fou : il « feint la folie pour ne pas être inculpé ». Il contesta donc l'argument du Dr Rothwell, selon lequel le crime était incomplet :

> L'homme a quitté le voisinage à la hâte, il est sorti de la province. Il n'a pas perdu la mémoire des lieux, il se rappelait comment se rendre aux différentes maisons.
>
> L'opinion que j'ai de cet homme est que… peut-être que je ne devrais pas le dire… mais mon opinion est qu'il est égoïste, intéressé uniquement par son propre bien-être, par ses propres émotions. Il a très peu d'émotions pour les autres et ce que pensent les autres lui est égal.

La partie plaignante n'essaya jamais de trouver un mobile au crime, elle se contenta de suggérer qu'Angerman était mort parce que Loran voulait lui voler sa voiture. Le crime, déclara Rose au jury dans sa conclusion, a été commis « à cause d'une pulsion sexuelle frustrée partout où allait l'accusé. »

Ce que l'on ne dit pas au jury, c'est que le meurtre peut être un cas de sens perverti de l'honnêteté. De nos jours, certaines personnes de Burstall disent que Loran avait travaillé pour Angerman et que ce dernier lui devait deux dollars — ce qui expliquerait pourquoi Loran n'avait pris que deux dollars des poches d'Angerman, et qu'il a laissé les neuf cents autres.

(D'autres insistent sur le fait qu'Angerman possédait deux por-
tefeuilles et que Jack n'avait tout simplement pas cherché celui
qui contenait la plus grosse somme d'argent.) Loran avait aussi
le sentiment qu'Angerman avait usé de son influence auprès de
la famille Hermann pour l'empêcher de voir Alvina. Il prétendait que c'était ce que les voix lui avaient dit.

Le juge Anderson présenta le chef d'accusation au jury
d'une manière pleine de compassion :

« La question que vous devez vous poser, et sur laquelle
vous devrez passer du temps et réfléchir très soigneusement est
de déterminer s'il s'agit d'un meurtre ou s'il s'agit d'un homicide » commença-t-il :

> La défense soutient deux thèses : l'une est l'aliénation
> mentale. L'autre est un peu différente : elle évoque l'ébriété et
> le manque de sens moral du garçon.
> La Couronne doit apporter la preuve hors de tout doute
> raisonnable. Si la défense plaide la folie, la charge de la preu-
> ve lui incombe, mais elle n'a pas à le faire hors de tout doute
> raisonnable : il suffit de vous convaincre que l'homme est fou.
> La défense dit qu'elle insiste vivement sur la folie de cet
> homme, au sens où ce dernier ne savait pas que son acte était
> mauvais. Il souffrait d'épilepsie. Et bien, Messieurs, il y a là
> une preuve considérable.

Il fit pencher la balance en faveur de Loran.

Puis le juge arriva au cœur du sujet, au fait que souvent une
salle d'audience est ce que l'on a appelé « une comédie noire
d'experts ».

« Les deux psychiatres sont des hommes dignes de confiance, poursuit-il; malheureusement, ils ne sont pas d'accord. Les
deux hommes sont sincères et c'est à vous, le jury, qu'il revient
de décider lequel des deux a raison. »

Le juge Anderson tenta d'apaiser les inquiétudes éven-
tuelles du jury sur le fait que Loran pourrait échapper à la punition s'il était trouvé non coupable. « Si vous le trouvez fou,
insista-t-il, il ne s'en tirera pas indemne. Il sera interné dans une
institution. Si vous avez un doute raisonnable, vous devez
accorder le bénéfice du doute à l'accusé et le déclarer coupable
d'homicide involontaire. »

Comme c'était la guerre, ils n'étaient que six hommes à composer le jury au lieu des douze habituels. Les jurés étaient séquestrés dans le même hôtel que les deux avocats de la défense et au moins à deux occasions leurs festivités tardives empêchèrent les MacPherson de dormir pendant la semaine que dura le procès.

Il fallut moins d'une heure au jury pour examiner la preuve. Le verdict était unanime : coupable.

Le juge Anderson fut donc obligé de prononcer la peine de mort. En entendant le verdict, Loran montra peu d'émotion : il avait les yeux rivés sur ceux du juge, comme s'il essayait de comprendre ce que tout cela signifiait.

Loran fut conduit à la prison provinciale de Regina pour attendre son exécution prévue pour le 20 février 1946. Il fut rejoint par un autre mineur, Vincent Manastryski, âgé de dix-huit ans. La nuit où Loran avait tué Gustav Angerman à Burstall, Manastryski avait tiré sur son père abusif et l'avait tué dans une ferme située près de Yorkton. Comme Loran, il fut reconnu coupable et condamné à la pendaison.

Peu de temps auparavant, cette année-là, le Ministre fédéral de la Justice, Louis St-Laurent, prononça un discours dans lequel il déclara que la peine de mort ne serait pas appliquée dans le cas de mineurs. Selon l'aumônier jésuite de Loran, le révérend Felix Devine, « même les gardiens de la prison avaient convaincu Loran et Manastryski que leur condamnation serait commuée. Personne ne croyait sérieusement que l'un ou l'autre serait pendu. » MacPherson partageait cette opinion. « J'ai vraiment eu l'impression que l'on ferait preuve de clémence. Les jurés font régulièrement des erreurs et le cas échéant, je croyais que l'on avait toujours recours à la clémence de l'exécutif. Ça n'a pas été le cas ici. »

La première lettre adressée à Louis Saint-Laurent, implorant sa clémence dans le procès de Loran, vint du président du conseil municipal de Deer Forks, Ed Deutscher. « J'ai appris avec plaisir que ce crime n'a pas gâché l'amitié entre les deux familles », écrivit-il. « Les gens de Burstall ne veulent absolument pas revoir Jack Loran ici mais ils ne veulent pas le voir pendu non plus. »

Dans la même veine, le prêtre de la paroisse de Loran, le révérend James Schrerer plaida : « Il n'y a pas d'amertume ici, même pas chez la famille de la victime. Tous les gens qui m'ont parlé prient humblement que vous conveniez de réduire la condamnation de Jack Loran à un emprisonnement à vie. Sa jeunesse et la stupidité du crime justifient en elles-mêmes cette atténuation. »

Ottawa, inflexible, garda le silence. MacPherson suggéra : « Nous avions affaire à l'insondable arrogance du gouvernement libéral de l'époque, qui ne pouvait concevoir la loi autrement que sanctionnée par la reine Victoria. Le gouvernement était très dur. Je pense que c'est le contrecoup de la guerre qui en est la cause. En regard des quelque 42 000 hommes valeureux tués outremer, la vie de Loran ne signifiait pas grand chose. »

Les exécutions imminentes préoccupaient aussi le Premier ministre de Saskatchewan, Tommy Douglas, qui se retrouvait depuis à peine dix-huit mois à la tête du premier gouvernement socialiste démocratiquement élu en Amérique du Nord. En privé, ce pasteur baptiste s'opposait à la peine capitale mais il n'abordait pas le sujet publiquement. Au début, le premier ministre se montra réticent même à confronter son comité électoral, particulièrement le membre du CCF pour Swift Current, Harry Gibbs, qui était un pur et dur du CPR, ainsi qu'un conseiller municipal populaire. Douglas croyait lui aussi que la jeunesse des deux accusés plaiderait en leur faveur et qu'ils seraient épargnés.

Six semaines avant la date prévue des exécutions, le juge Anderson, qui avait recommandé la clémence, demanda au Premier ministre Douglas d'intervenir. Selon la rumeur publique, il aurait dit au Premier ministre, lors d'une conversation téléphonique : « Pour l'amour de Dieu, vous n'allez pas laisser pendre un enfant, n'est-ce pas ? »

Dans un premier temps Douglas et son procureur général John Corman conclurent que du fait, d'une part, que l'administration de la justice relevait de la responsabilité provinciale et, d'autre part, que les prisonniers étaient incarcérés dans une prison provinciale, la province pourrait trouver un quelconque

argument de droit qui la relèverait de son obligation d'appli-
quer la peine capitale. C'était un espoir naïf.

Dans une note qu'il adressa à Douglas deux semaines avant
l'exécution, le directeur provincial de l'éducation pour l'hygiène,
Christian Smith, définissait ainsi ses objections à la peine de
mort :

> Comme vous le savez, je suis fermement opposé à la
> peine de mort, particulièrement en ce qui concerne les délits
> civils. J'estime que c'est un châtiment qui va à l'encontre de la
> démocratie sociale, de la chrétienté, et de la compréhension
> que nous avons des motifs et du comportement de l'être
> humain. Je suis particulièrement opposé à ce que la peine
> capitale soit appliquée dans le cas d'individus considérés
> comme trop jeunes pour voter, être propriétaires, ou se marier
> sans permission. Dans le procès de Loran, le poème de Kalil
> Gibran, le poète persan moderne, s'applique :

> > *Et cela aussi, bien que le mot pèse à vos cœurs :*
> > *L'assassiné n'est pas irresponsable de son assassinat*
> > *Et le volé n'est pas exempt du blâme d'être volé.*
> > *Le juste n'est pas innocent des actes du vilain*
> > *Et celui qui a les mains propres n'est pas lavé des félonies.*
> > *Oui, le coupable est souvent la victime du blessé,*
> > *et plus souvent encore le condamné porte le poids*
> > *pour le sans faute et l'exempt de blâme.*
> > *On ne peut séparer le juste de l'injuste*
> > *Le bien*
> > *du mal,*
> > *Car ensemble ils se tiennent à la face du soleil*
> > *et ensemble le fil noir et le blanc*
> > *sont tissés;*
> > *Quand le fil noir se casse, le tisserand doit*
> > *examiner le tissu tout entier*
> > *sans oublier le métier à tisser.*

Le 14 février, Douglas s'inspira de la lettre de Smith pour
écrire sa propre lettre au Ministre de la Justice Louis Saint-
Laurent :

C'est la politique de notre administration de la justice, pleine d'humanité, que d'intervenir au nom des mineurs qui ont commis des crimes passibles de la peine capitale. Nous sommes conscients de la nécessité de chercher à comprendre les motifs et les comportements sous-jacents chez ces personnes, et nous avons une vision suffisamment optimiste de la nature humaine pour mettre ces personnes en situation de mener des vies utiles.

Ce serait faire outrage à la communauté que d'imposer la peine de mort à un garçon trop jeune pour voter ou pour se marier sans permission. L'exécution des mineurs a été rare ces dernières années au Canada. C'est à notre administration de la justice que nous devons le fait que ce soit devenu notre politique. Je vous conjure d'intervenir… pour que le manque de réflexion ne porte pas atteinte à notre humanité, pas plus que le manque de ressources financières n'empêche un garçon de poursuivre son procès, ou ne soit une entrave à notre progrès judiciaire.

Au moment où la lettre adressée au premier ministre n'était encore qu'un brouillon, le conseil des ministres se réunit à Ottawa pour examiner les commutations. Une révision des dossiers du conseil des ministres indique que la décision finale fut arbitraire; les ministres décidèrent de couper la poire en deux : un des condamnés serait pendu, l'autre aurait la vie sauve. Un représentant du sous-secrétariat du bureau d'État, Harvey Clare, révisa le cas de Loran. Selon lui « le diagnostic de l'expert appelé par la défense était exagéré et ce jeune homme âgé de vingt ans ne souffrait pas du tout d'une maladie mentale. »

C'est ainsi qu'un bureaucrate d'Ottawa scella le destin de Loran.

À neuf heures quinze du matin, le 20 février 1946, jour où les jeunes hommes devaient être pendus, un télégramme arriva au bureau du premier ministre à Regina. Il se lisait comme suit :

CONCERNANT VOTRE APPEL ADRESSÉ AU MINISTRE DE LA JUSTICE STOP SON EXCELLENCE LE GOUVERNEUR GÉNÉRAL EN CONSEIL A COMMUÉ EN UNE PEINE D'EMPRISONNEMENT À VIE DANS UN PÉNITENTIER DE

SASKATCHEWAN LA CONDAMNATION DE VINCENT
MANASTRYSKI À LA PEINE CAPITALE STOP.

Loran serait donc pendu.

Cet après-midi là, alors que l'assistant exécutif du Premier
ministre Morris Shumiatcher était en train de travailler dans
son bureau, plusieurs membres du corps législatif l'interrompi-
rent. Harry Gibbs, membre du Swift Current, lança un regard
par l'entrebâillement de la porte. « Allons Shumy, joins-toi à
nous ! Aujourd'hui, c'est un jour spécial. On s'en va voir une
pendaison. Ça va être formidable ! »

Shumiatcher déclina l'offre. Les M.L.A. s'en allèrent pour
profiter de la bière servie gratuitement par un brasseur de l'endroit en prévision de la pendaison.

Les histoires de pendaisons font partie intégrante du folklore
local à Burstall. La plus populaire est que Loran est allé au gibet
soûl : son père aurait fait passer clandestinement une bouteille
de whisky dans sa cellule la nuit précédant l'exécution.
L'histoire est sans fondement.

En revanche, il est établi que la dernière volonté de Loran
était de voir sa mère avant de mourir. Celle-ci tenta de se rendre
à Regina mais une tempête de neige l'en empêcha.

Le père Felix Devine fut avec Loran jusqu'à la fin.

« Il y a eu un changement radical dans l'attitude du jeune
homme, un changement spirituel », se souvint Devine :

> Jack Loran a eu une très belle mort, si l'on peut appeler la
> pendaison une belle mort. J'ai dit la messe pour lui dans sa
> cellule et les gardiens semblaient impatients d'en finir. Ils ont
> tenté de nous presser. Je leur ai dit de se tenir écartés jusqu'à
> ce que j'aie terminé. Le jeune garçon et moi avons pris le long
> couloir qui mène à la salle d'exécution et nous avons gravi les
> marches jusqu'à la potence. Il n'a offert aucune résistance : on
> n'a pas eu à lui mettre les fers ni à le tirer. Nous avons eu une
> discussion spirituelle et j'étais persuadé que je marchais aux
> côtés d'un très saint homme. C'était, au moment de sa mort,
> un homme saint et béni.
> La salle était pleine d'hommes politiques venus par curio-
> sité. Ils avaient tous bu. Tout s'est fait assez vite. Le bourreau a
> passé la corde autour de son cou et comme la trappe s'ouvrait

sous les pieds du garçon, j'ai entendu ses derniers mots, prononcés dans sa chute : « Cœur sacré de Jésus, aie pitié ! » C'est
tout. C'était fini.

Il y a un post-scriptum à ajouter au procès de Loran. Le
jeune avocat de la défense, M.A. MacPherson Jr est devenu
juge. En janvier 1968, il présida à Battleford le procès de Victor
Ernest Hoffman, un homme de vingt-et-un ans accusé d'avoir
assassiné James Peterson, la femme de Peterson et sept de leurs
enfants. Sur le banc, MacPherson écouta l'avocat de la défense
commis d'office, Ted Noble, présenter des arguments presque
identiques à ceux de MacPherson dans le procès de Loran,
quelque vingt-trois ans auparavant. Le jury acquitta Hoffman
pour cause d'aliénation mentale. « Les procès pour meurtre se
suivent et ne se ressemblent pas », dit MacPherson, mais ces
deux procès-là étaient aussi semblables que possible. Tout au
long du procès Hoffman, le procès de Loran me revenait très
clairement à la mémoire. Il était évident que Hoffman était un
schizophrène catatonique. Loran l'était aussi, mais nous ne le
savions pas en 1945. Un an plus tard, la situation aurait pu être
différente. Je trouve dérangeant de penser que Hoffman est
encore vivant et interné dans un asile psychiatrique, alors que
Loran est mort. Pendu. Je doute que Loran ait jamais été un
individu utile à la société. Mais là n'est pas la question et ça
n'était pas une excuse pour l'exécuter. Il n'aurait jamais dû être
pendu !

CHAPITRE 4

La dernière femme

Marguerite Pitre

Au Canada, rares sont les femmes qui ont eu affaire avec le bourreau. Sur les cinquante femmes condamnées à mort pour meurtre, onze seulement ont été exécutées.

La première exécution d'une femme après la Confédération a eu lieu le 20 juin 1872, à London, en Ontario. Il s'agissait de Phoebe Campbell, âgée de vingt-quatre ans. Elle se rendit à la potence un bouquet de fleurs dans la main droite, et lorsqu'on coupa sa corde après l'exécution, les fleurs restèrent coincées dans sa main. Phoebe était tombée amoureuse d'un jeune ouvrier agricole, Thomas Coyle, et, comme elle l'écrivit dans sa confession, « de fil en aiguille, je suis tombée amoureuse de lui et quand j'étais furieuse je disais des choses que je regrettais plus tard. » C'est lors d'un de ces accès de colère qu'elle avait saisi une hache et tué son mari, George. Cependant, à l'origine, elle avait déclaré à la police que deux hommes noirs l'avaient tailladé en morceaux. Dans ses aveux complets, conservés aux Archives nationales et rédigés sur un papier délicat de couleur bleue, noué d'un ruban noir prophétique, elle reconnut : « J'ai dit et fait des choses que je regrette plus qu'il y a de feuilles aux arbres. C'était une chose pénible de consentir à la mort de mon mari, même si c'était un homme coléreux qui me maltraitait souvent. »

La plupart des femmes qui ont subi un procès pour meurtre dans ce pays ont, à l'instar de Phoebe Campbell, été impliquées dans un crime passionnel, ou étaient les complices des plans meurtriers de leur amant. Peut-être parce que peu d'entre elles ont tué personnellement leurs victimes, les femmes impliquées dans un meurtre ont pris la dimension d'héroïnes romantiques.

Dans la mort comme dans la vie, l'histoire de Cordélia Viau, montée à la potence avec son amant Samuel Parslow dans la ville de Québec, le 10 mars 1899, continue à fasciner. Viau et Parslow ont été reconnus coupables du meurtre du mari, Isidore Poirier, un menuisier de Saint-Canut. La comédienne Louise Portal a immortalisé le personnage de Cordélia dans le film *Cordélia*. Une autre femme reconnue coupable de meurtre, Hilda Blake, la jeune domestique lesbienne qui, dans une crise de jalousie, a tué la femme pour laquelle elle travaillait, fait partie du folklore du Manitoba. Après son inculpation, Blake réussit à séduire une des gardiennes de la prison, une certaine Mme Strippe, et la convainquit de l'aider à s'évader. La tentative échoua. Hilda Blake fut exécutée deux jours après Noël en 1889 et Mme Strippe fut emprisonnée pour l'avoir aidée dans sa tentative d'évasion.

L'héroïne de la pièce de théâtre de Sharon Pollock, *Whiskey Six*, s'inspira vaguement de Florence Lassandra, dont le seul crime fut d'avoir été la maîtresse d'Emilio Picariello, qui faisait de la contrebande d'alcool pendant la prohibition. Picariello abattit un policier de l'Alberta, Steve Lawson. Lassandra fut reconnue coupable d'être la complice de Picariello. Juste avant d'être pendue à Fort Saskatchewan, le 2 mai 1923, elle demanda : « Pourquoi me pendez-vous, alors que je n'ai rien fait ? N'y a-t-il personne ici qui ait pitié de moi ? »

De la même façon, la dernière femme à être pendue au Canada cria son innocence jusqu'à la fin et devint un personnage de la littérature canadienne et du film *Le Crime d'Ovide Plouffe* de Roger Lemelin.

Elle s'appellait Marguérite Pitre, mais tout le monde l'appellait « le corbeau ». Elle devait ce surnom à deux de ses manies : elle portait toujours du noir et elle avait l'habitude de faire disparaître comme par enchantement divers objets qu'elle partageait avec ses amis.

Née Marguérite Ruest, elle se maria une première fois en 1934, puis une seconde fois en 1948. Son second mari, Maurice Pitre, mourut le 5 mai 1952, peu de temps après l'arrestation de sa femme.

Le 18 août 1949, Marguérite, une femme impétueuse, au teint terreux, entra chez Samson et Fillion, une quincaillerie de la ville de Québec. Elle acheta pour 10 $ sept bâtons de dynamite de force moyenne, une boîte de capsules fulminantes et du fil électrique. Une personne de sa connaissance à Rivière-aux-Pins en avait besoin « pour faire sauter des souches d'arbres », expliqua-t-elle, en signant le nom de Louise Côté sur le reçu.

Dans la matinée du vendredi 9 septembre 1949, Marguérite Pitre se présenta au comptoir Air-express de l'aéroport d'Ancienne-Lorette avec un colis adressé à Alfred Plouffe, 180 rue Laval, Baie-Comeau, Québec. C'était, disait-elle, un paquet fragile, une statue pieuse qu'elle envoyait à un ami, Delphis Bouchard, à Saint-Siméon, dans Charlevoix.

Le colis fut placé à bord du DC-3 de Québec Airways, un avion de la compagnie Canadian Pacific Airlines. Après un léger retard causé par la manutention des bagages, l'avion, qui avait à son bord vingt-trois personnes et qui était en route pour Baie-Comeau, s'engagea sur la piste avant de disparaître dans le ciel. Quarante minutes après avoir quitté la ville de Québec, comme l'avion approchait la pointe de Cap-Tourmente, près de Sault-au-Cochon, il explosa comme une ampoule électrique.

Parmi les débris, on retrouva les corps de trois industriels américains de New York (le président et le vice-président de la Kennecott Copper Company, E.T. Stannard et R.J. Parker — de même que l'homme qui devait succéder à Stannard, Arthur D. Storke), deux ingénieurs de Toronto travaillant pour l'Ontario Paper Compagny, E.J. Calnan et W.B. Scoulari, deux ménagères de Québec, Madame Roméo Chapados (et ses trois enfants), ainsi que Madame Rita Guay.

On crut d'abord à un sabotage industriel mais dans les jours qui suivirent, on s'aperçut qu'il s'agissait d'un extraordinaire crime passionnel, celle d'un Lothario tourmenté qui avait tué sa femme et vingt-deux autres personnes pour vivre une liaison amoureuse avec une serveuse de dix-sept ans.

Si l'avion n'avait pas été retardé sur la piste d'envol, cela aurait pu être le crime parfait. En effet, si l'avion avait quitté Québec à l'heure, les eaux du Saint-Laurent auraient englouti à jamais toute preuve de l'explosion.

Les enquêteurs concentrèrent rapidement leur enquête sur un bijoutier de Québec, Joseph Albert Guay, âgé de trente et un ans, qui était le bénéficiaire d'une police d'assurance de dix mille dollars contractée au nom de sa femme, Rita, quelques instants avant qu'elle n'embarque dans l'avion qui lui fut fatal.

En consultant la liste de la cargaison, la police s'aperçut que le colis adressé à Alfred Plouffe par Delphis Bouchard contenait probablement un engin explosif. En effet, aucun des deux hommes n'existait. Dix jours après l'explosion, les enquêteurs découvrirent la première piste importante. Le 19 septembre 1949, la police enquêta sur une tentative de suicide au 49, rue Monseigneur Gauvreau, dans la basse-ville de Québec. Ils trouvèrent Marguérite Pitre, qui avoua aux policiers avoir porté un colis à l'aéroport pour rendre service à Albert Guay le matin de l'explosion. « Guay, dit-elle, m'a juste dit que le colis contenait une bombe et que j'étais responsable. » De plus, il lui avait demandé d'écrire une lettre de suicide et lui avait même donné les cachets avec lesquels se tuer.

Au début, les policiers crurent que Marguérite était une dupe innocente, dont le seul rôle dans cette affaire avait été de servir de messagère involontaire.

Ils arrêtèrent Guay, qui rejeta toute suggestion de sabotage. « Il n'existe personne d'assez monstrueux pour faire sauter un avion ! » dit-il.

L'écrivain québécois Roger Lemelin, qui a vécu dans le voisinage de Guay et qui l'a connu, décrit ce dernier comme « un homme mince, nerveux, qui arbore les traits d'une jeunesse tourmentée. Albert Guay n'est pas sans rappeler Monsieur Verdoux, ce personnage interprété à l'écran par Charles Chaplin. Deux hommes cohabitaient à l'intérieur de ce corps frêle : le mégalomane ambitieux dénué de tout talent pratique qui l'aiderait à atteindre son but, et l'amant aux prises avec une passion maladive. »

Malheureusement, Guay était passionnément amoureux de deux femmes. La première, Rita, était son épouse depuis onze ans et la mère de sa fille. Rita avait vingt-neuf ans, elle était petite et grassouillette et avait une sorte de beauté triste. L'autre s'appelait Marie-Ange Robitaille, c'était une serveuse de dix-sept ans, svelte, aux sourcils délicats, à la moue sensuelle.

Marguérite Pitre travaillait avec Marie-Ange comme serveuse au restaurant Miranda. C'est Marguérite qui fournit à Guay les clés de son appartement pour qu'il puisse retrouver sa maîtresse loin des regards indiscrets et des ragots des voisins.

Pitre et Guay se connaissaient et étaient amis depuis plus de dix ans. Lorsque Pitre quitta Saint-Octave-des-Métis pour Québec, au début de la guerre, elle rencontra Guay à l'usine de l'Arsenal canadien où ils travaillaient tous les deux. Après la guerre, le frère de Marguérite, Généreux Ruest, âgé de cinquante et un ans, était engagé comme horloger dans la bijouterie de Guay. Ruest était un homme mince au visage aquilin. Atteint de turberculose, il avait perdu l'usage de ses jambes. Il possédait un talent extraordinaire pour la mécanique et passait des jours entiers dans son fauteuil roulant à construire des mécanismes ingénieux. Avant que les radios-réveils n'apparaissent sur le marché, Ruest en avait conçu un à partir d'un réveil qu'il avait fixé à sa radio.

Il semble qu'Albert Guay ait eu un ascendant extraordinaire sur l'esprit des petites gens. Il devait son pouvoir de manipulation en partie à sa générosité. En effet, il avait prêté à Pitre et à Ruest de grosses sommes d'argent sans exiger d'intérêts.

Au printemps 1949, Albert Guay quitta sa femme et déménagea à Sept-Îles avec Marie-Ange. Après plusieurs mois, se rendant compte que Guay n'avait aucune intention de divorcer, Marie-Ange décida de le quitter et retourna à Québec.

Forcé de choisir entre sa femme et sa maîtresse, Guay décida de se débarrasser de sa femme. Il calcula qu'avec l'argent de l'assurance-vie de sa femme il pourrait reconquérir Marie-Ange et refaire sa vie.

On a dit que tous les criminels s'absolvent, une fois leur crime commis. Guay ne fit pas exception. Immédiatement après la catastrophe, il se convainquit que l'explosion était un accident. Après sa détention, il menaça de poursuivre le gouvernement pour arrestation frauduleuse. Plus d'une fois pendant qu'il était en prison avant son procès, on l'entendit murmurer : « Pensez à tout l'argent que ça va me faire perdre. »

Roger Lemelin, qui avait couvert le procès de Guay, mit le doigt sur le moment précis où Guay accepta pour la première fois la réalité de son geste.

Marie-Ange fut appelée comme témoin. Elle était bien habillée et ses cheveux auburn lui arrivaient aux épaules. Elle parlait d'une voix faible mais claire, les yeux embués de larmes, de son rendez-vous avec Albert Guay. Elle tissa la corde autour du cou de son amant sans le regarder une seule fois et lorsqu'elle conclut « je ne l'aime plus », le visage de Guay prit une couleur de cendre et ses lèvres devinrent bleuâtres. Il ressemblait tout à coup à un mort vivant.

Guay fut condamné à être pendu, mais un mois avant la date de son exécution, il décida qu'il pouvait échapper à la mort en incriminant d'autres personnes dans son complot. Dans la déclaration qu'il fit à la police, il accusa Généreux Ruest d'avoir construit la bombe qui avait détruit l'avion et dit que c'est la sœur de Ruest, Marguérite Pitre, qui l'avait placée à bord de l'avion. Pour la payer de ses services, Guay dit qu'il avait passé l'éponge sur les six cents dollars qu'elle lui devait.

Le 12 janvier 1951, Albert Guay, un des premiers pirates de l'air, dut être soutenu alors qu'il marchait vers la potence. « Est-ce que ça va faire mal ? Est-ce que je serai conscient quand mon cou se rompra ? On meurt instantanément, non ? » demanda-t-il quelques instants avant de mourir.

Le 25 juillet 1952, Généreux Ruest fut pendu assis dans son fauteuil roulant pour son implication dans cette sombre affaire.

Environ un an et demi après la catastrophe, en se basant sur la confession de Guay, la police procéda à l'arrestation de Marguérite Pitre. Elle fut accusée non pas de meurtre mais d'avoir « entre le premier jour d'août et le dixième jour de septembre 1949, avec J. Albert Guay et Généreux Ruest, aidé en toute connaissance de cause et intentionnellement à assassiner Rita Morel [Guay]. »

Clamant son innocence, comme elle l'avait fait quand les policiers l'avaient questionnée la première fois, Marguérite fut jugée au printemps 1951.

Léopold Giroux, un commis chez Samson et Fillion, témoigna qu'il lui avait vendu de la dynamite. Un chauffeur de taxi témoigna qu'à sept heures cinquante-cinq, le matin du 9 septembre 1949, il avait chargé Pitre à la gare pour la conduire à l'aéroport. Il se souvint que durant le trajet elle avait un colis sur les genoux et qu'elle lui répétait de conduire prudemment parce que le colis était « dangereux ».

Marguérite assura sa défense en niant avoir utilisé le mot
« dangereux ». Elle insista à nouveau sur le fait qu'elle croyait
que le paquet contenait une statue religieuse et que le mot qu'elle
avait utilisé était « fragile » et non « dangereux ».

Après avoir délibéré moins de trente minutes, le jury la
déclara coupable.

Les avocats de Pitre firent appel et gagnèrent presque leur
procès. Cependant, par une décision de trois contre deux, la
cour d'appel de Québec maintint le verdict du jury.

Un des juges de la Cour d'appel qui était en faveur du rejet
de la condamnation, le juge Bernard Bissonette, présenta en ces
termes l'argument de la minorité :

> Le seul fait qu'il puisse être prouvé que l'accusée trans-
> portait un colis dangereux ne permet pas d'inférer qu'elle
> savait qu'il contenait un engin explosif destiné à faire explo-
> ser un avion. Madame Pitre n'est pas une idiote. Or, n'aurait-
> elle pas été idiote d'accepter une mission aussi périlleuse ?
> Est-il raisonnable de lui prêter une volonté et une détermina-
> tion surhumaines ? Qui aurait le courage de faire près de onze
> kilomètres dans un taxi en transportant un engin capable de
> faire exploser un avion de première classe ? Se souciait-elle
> vraiment davantage de la mort de Mme Guay que de sa propre
> vie ?

C'est effectivement ce que crurent la majorité des juges de la
Cour d'appel. Le juge Garon Pratte de la Cour d'appel écrivit :

> On prétend que la preuve circonstancielle n'a pas établi
> hors de tout doute raisonnable que l'accusée savait que le colis
> qu'elle transportait à l'aéroport contenait un engin qui pou-
> vait causer une explosion criminelle. Les faits ne mentent pas,
> mais les témoins se parjurent. Pour un grand nombre de
> témoins, il semble que la décence et les règles les plus élé-
> mentaires de conduite n'aient que peu de valeur. À tel point
> que les principaux acteurs de cette tragédie pathétique sem-
> blent constituer un véritable réservoir de dépravation morale.

La Cour suprême du Canada rejeta l'appel. La date de l'exécution fut fixée au 9 janvier 1953.

Les deux fils de Marguérite Pitre, Maurice et Jean-Guy, firent appel auprès du Conseil des ministres pour que leur mère ait la vie sauve :

> 16 déc. 52
> Nous avons appris hier dans le journal que notre mère va être pendue.
> Moi, Maurice, je n'ai pas encore vingt ans et je ne travaille pas; mon petit frère Jean-Guy a treize ans et il n'est pas en bonne santé. Qu'allons-nous devenir si maman est pendue ? Elle s'est toujours occupée de nous, elle nous a nourris, habillés et logés. Nous ne savons pas comment vous le dire mais faites quelque chose pour sauver notre mère.

Marguérite Pitre fit appel auprès de la reine Élizabeth, qui n'était pas encore couronnée :

> Votre requérante prie Votre Majesté d'avoir pitié d'elle et spécialement de ses deux enfants, qui, si elle doit subir la peine capitale, deviendront les enfants d'une mère morte à la potence. À l'occasion de votre couronnement, qui aura lieu en juin 1953, votre requérante prie Sa gracieuse Majesté d'aviser les autorités compétentes que votre Majesté commue l'exécution de la peine de mort en une peine d'emprisonnement à vie.

Buckingham Palace renvoya la lettre au Gouverneur général du Canada.

Le 8 janvier 1953, alors qu'elle était transférée de la prison des femmes de Montréal, à la prison de Bordeaux, où elle devait mourir, Marguérite cria aux journalistes : « Ils n'ont pas le droit de me faire ça ! »

Elle dit la même chose, en d'autres mots, quand on lui passa la corde autour du cou : « Je veux dire quelque chose et je dois le dire pour l'amour de mes enfants. Le Christ a été condamné par Ponce Pilate et livré aux mains de Caïphe, et à présent, c'est votre heure. C'est tout ce que j'ai à dire. »

Ce furent ses dernières paroles.

CHAPITRE 5

Manitoba

Henry Malanik

Le samedi 15 juillet 1950, par une soirée étouffante, le détective de la police de Winnipeg, James Edwin *Ted* Sims mit sa femme Gertrude dans l'avion pour des vacances de deux semaines en Colombie-Britannique. Il se présenta au travail au quartier général de la police plus tôt que d'habitude. Vingt minutes environ avant de reprendre son service qui commençait à minuit, Sims prit l'appel d'une femme qui semblait dans tous ses états.

La scène de déroulait à une époque moins dure qu'aujourd'hui, une époque où les policiers connaissaient leur quartier et les gens qui y habitaient. Sims reconnut la voix de la femme. Il s'agissait d'Olga Kafka qui signalait que son petit ami, Henry Malanik, venait de poignarder son mari Frank.

Ce n'était pas la première fois que Malanik, un homme au torse puissant qui travaillait comme plombier, et Adolph Kafka, un ouvrier itinérant, se querellaient pour l'amour d'Olga. Trois mois auparavant, le 18 avril 1950, les deux hommes s'étaient retrouvés en cour et avaient été condamnés à une amende de cinquante dollars chacun pour avoir tiré avec des armes à feu au cours d'une querelle de ce genre. Au moment de l'incident, les policiers avaient saisi quatre armes : un fusil de chasse de calibre .12, qui appartenait à Malanik, un pistolet à Kafka, et deux carabines de calibre .22.

On venait juste de redonner leurs armes aux deux hommes.

« Ils remettent ça, au 19 rue Argyle » dit Sims. Il se tourna vers deux jeunes détectives subalternes, John Peachell et William Anderson, et leur dit : « Vous feriez mieux d'y aller, les gars. »

Sims savait qu'une grande partie du travail de la police consistait à s'occuper de cas de violence domestique, souvent comique et déroutante. Mais il savait bien que les disputes pouvaient aussi être dangereuses et inattendues. Au dernier moment, Sims se ravisa. « Merde, dit-il aux détectives, je vous accompagne, juste pour la virée. »

Les trois policiers s'entassèrent dans une voiture de patrouille et se dirigèrent vers les lumières au néon aveuglantes de Main Street jusqu'à une rue adjacente non éclairée, dans un quartier de cols bleus situé au bord de la Red River. Il s'arrêtèrent au 10 Argyle, qui se trouvait en face d'une école élémentaire. Une femme de belle apparence les accueillit, affolée. Elle avait les cheveux relevés sur la tête et son rouge à lèvres écarlate dépassait largement le contour de sa bouche.

Son mari Frank et Henry Malanik n'étaient plus sur les lieux.

À l'intérieur de la maison de deux étages, le détective Anderson s'attarda dans le salon étroit tandis que brigadier Sims se tenait dans l'embrasure de la porte près du couloir qui menait à la cuisine. Le détective Peachell était assis dans le coin repas pour prendre la déclaration d'Olga. Cette dernière déclara que Malanik avait poignardé son mari mais que les blessures étaient superficielles. Frank, disait-elle, était à l'hôpital. La dernière fois qu'elle avait vu Malanik, il était ivre mort sur un banc de la cour d'école et elle l'avait renvoyé chez lui.

Alors que Peachell était en train de prendre des notes, un homme brandit un fusil de chasse de calibre .12 et franchit la porte avant du salon en trébuchant.

C'était Henry Malanik.

« Je vais tous vous tirer dessus, hurla-t-il. Malanik pointa son arme et s'écria : « Je vais tous vous envoyer en enfer ! »

Sims leva les mains dans un geste implorant. « Allons, ne fais pas l'imbécile, dit-il doucement. Viens, lâche ton arme. »

Une explosion retentit dans la pièce

Sims s'effondra sous une volée de plomb.

Une deuxième rafale fendit en éclats l'encadrement de la porte et atteignit le détective Anderson au cou; Anderson passa à travers une fenêtre et s'effondra sur la pelouse située en avant de la maison.

Avant que Malanik ne tire à nouveau, le détective Peachell s'extirpa de son banc et lui tira trois balles avec son calibre .45.

Au centre du carnage Sims gisait sur le dos, la tête tournée vers la porte. Malanik s'effondra à côté de lui et jeta un bras par-dessus la poitrine ensanglantée de Sims.

Soudain, Malanik se mit à pleurer. « J'ai fait une erreur, san-glotait-il, je ne voulais pas te tirer dessus. Ne meurs pas mon gars, ne meurs pas ! »

Les trois blessés furent transportés à l'hôpital général de Winnipeg.

Malanik, maintenu sur une civière par une courroie, avait désaoulé sous le choc. « Je suis désolé d'avoir tiré sur un inno-cent. Il s'est mis à se mêler de mes affaires. Je lui ai dit de s'en aller de mon chemin. Il ne l'a pas fait. Jamais je n'aurais tiré des-sus si je n'avais pas bu autant d'alcool. Qu'un homme innocent en service meure comme ça ! Je sais que je suis fini. Je me fous de ce qui arrivera maintenant, je sais que c'est la corde qui m'at-tend. »

Il continuait à marmonner: « Il a fait son devoir, il l'a fait. Je veux mourir maintenant. Est-ce qu'il est mort ? »

L'agent de police Edward Scott, chargé de surveiller Malanik l'interrompit :

« Où alliez-vous ce soir ? »

« Je ne sais pas. »

« Pourquoi portiez-vous des cartouches de fusil de chasse dans votre poche ? »

Malanik hésita puis il lança un regard furieux à Scott et lui cracha au visage : « Va te faire foutre ! »

Trois heures plus tard, à six heures trente-et-une du matin, le dimanche 16 juillet 1950, Ted Sims mourut à la suite des bles-sures causées par les balles qu'il avait reçues au ventre. Sims, qui avait quarante-deux ans, était décrit par le chef de police de Winnipeg, Charles MacIver, comme « un de nos membres les plus efficaces ». Sims était le premier agent de police à être tué en service à Winnipeg en une décennie 1.

« Il n'était pas obligé d'y aller, dit MacIver. Ted n'a eu aucune chance : son arme n'a jamais quitté son étui. »

Sims était né en 1908 en Angleterre, à Guildford, dans le Surrey; il arriva à Winnipeg avec ses parents alors qu'il était encore bébé. En 1930, il s'engagea dans la police de Winnipeg et grimpa les échelons. En septembre 1949, il fut promu sergent-détective. Il était le père de deux garçons et d'une fille, et son fils aîné, Grant, se souvient de lui comme d'un « grand homme de famille. » Ses états de service indiquaient que c'était un homme consciencieux, minutieux et dévoué.

Selon les rapports de police, Henry Malanik était Ukrainien. Il avait coutume de dire qu'il était Autrichien. En fait, il était né en 1907 à Ragusa, en ex-Croatie, qui faisait alors partie de l'empire austro-hongrois. Comme Sims, Malanik était arrivé à Winnipeg avec ses parents alors qu'il était très jeune. Il devint citoyen canadien en 1912. À dix-sept ans, il fut condamné à une année de prison après avoir été reconnu coupable de sept chefs d'accusation pour effraction. Il n'eut pas de démêlés avec la justice pendant les vingt-cinq années suivantes. Il se maria en 1929 et Adolph Kafka fut son garçon d'honneur. Malanik emménagea comme pensionnaire avec Kafka et sa femme. Adolph Kafka fut souvent sur la route; sa femme et son meilleur ami devinrent des amants.

Lorsqu'Adolph l'apprit, il mit Malanik à la porte. Ce dernier emménagea dans un asile de nuit situé non loin de là, au 671 Main Street, où Olga venait lui rendre visite quand son mari s'absentait.

Malanik était invité à un mariage l'après-midi de la fusillade. Le fils d'un ami se mariait et comme Malanik savait que sa femme dont il était séparé y serait, il hésita à y aller.

Il commença à boire en début d'après-midi et lorsqu'il arriva à la réception qui avait lieu à la salle de l'Association roumaine de Winnipeg, une réunion exubérante et paillarde où l'on attendait des invités qu'ils se saoulent. C'est le colocataire de Malanik, Bill Krystik, qui faisait office de barman, et pendant toute la soirée il lui servit des verres pleins à ras bord de whisky et d'alcool artisanal. Malanik but pendant des heures et se montra de plus en plus odieux avec les gens, injuriant l'orchestre qui prenait une pause. On finit par le mettre à la porte.

C'est alors qu'il décida d'aller voir Olga et qu'il se retrouva nez à nez avec son mari.

Le procès de Malanik débuta le 16 octobre 1950 devant le juge J.J. Kelly. L'avocat de Malanik, John L. Crawford, se proposait de prouver que son client était trop saoul pour savoir ce qu'il faisait et que son état d'ébriété était tel qu'il ne pouvait pas former le dessein de tuer.

Mais les témoins appelés par la police n'avaient rien trouvé d'anormal à l'état de Malanik le soir de la fusillade. Ainsi, le détective Peachell témoigna que Malanik l'avait coincé dans le coin repas aménagé dans la cuisine de Kafka : « J'étais incapable de sortir de là. J'ai entendu un bruit, un son qui m'a fait penser que l'accusé était sorti par la porte avant. J'ai regardé dans le coin en faisant attention et puis j'ai jeté un coup d'œil au salon. J'ai aperçu l'accusé. J'ai brusquement reculé la tête. Il y a eu une autre forte détonation. J'ai vu des éclats voler du cadre de la porte, à l'endroit précis où se trouvait ma tête. »

« Est-ce que l'individu était sous l'influence du whisky, d'après sa voix ? » demanda le l'avocat William Johnston.

« Pas de façon évidente » répondit Peachell.

L'agent Edward Scott se montra encore plus précis lorsque Johnston obtint son témoignage direct :

– Quel était l'état de l'accusé ce soir-là ?
– Il souffrait.
– Quelle était son état de sobriété ?
– Il était sobre.
– Avez-vous dit qu'il souffrait ?
– Oui.
– Comment était sa diction ?
– Claire et facile à comprendre.
– Est-ce que l'haleine de l'accusé sentait l'alcool ?
– Non.
– À quelle distance étiez-vous de lui ?
– Très près.
– Il ne sentait pas l'alcool ?
– Non.

Et l'interrogatoire se poursuivit. Les policiers, qui portaient des noms comme McLean, Scott, Anderson, Walker et Peachell étaient de vrais fils de patriotes qui venaient de perdre un de leurs collègues. Les témoins pour la défense s'appelaient Poplawski, Wasylanchuk et Krystik, des Européens de l'est qui, pendant la chasse aux sorcières des années cinquante, étaient considérés avec suspicion par l'establishment anglo-saxon.

Dans son ouvrage intitulé *All of Baba's Children*, Myrna Kostash décrit le dilemme dans lequel se trouvaient les Slaves dans la société canadienne des années cinquante :

> L'autorité les intimidait tous. L'Anglais qu'on leur demandait d'imiter et de satisfaire était celui-là même qui les traitait de Romanichels et qui se moquait, méprisant, de leur nom et de leur visage. On réclamait d'eux qu'ils soient des exemples pour leur race mais ils devaient faire face à des obstacles considérables : un accent trop fort, des noms imprononçables, des parents trop pauvres, et des quotas raciaux déjà atteints. On attendait d'eux qu'ils fassent montre des meilleures caractéristiques d'un Canadien s'ils voulaient être récompensés, mais la récompense leur était souvent refusée parce qu'ils ne pouvaient pas être assez Canadiens.

Le témoin vedette de la défense fut Bill Krystik, le colocataire de Malanik et le maître d'hôtel au mariage. Son témoignage fut médiocre. Au cours de l'enquête préliminaire, il avait déclaré à la police que la femme de Kafka rendait fréquemment visite à Malanik dans sa chambre de Main Street et qu'elle sortait avec lui.

On lui demande combien de fois Olga avait rencontré l'accusé :

> – Je ne pourrais pas vous dire. Tout ce que j'ai vu, c'est trois ou quatre fois.
> – Mon opinion est que Malanik sortait avec Mme Kafka presque tous les deux jours !
> – Je ne surveillais pas Henry chaque fois qu'il sortait.
> – N'avez-vous pas dit à la police qu'elle sortait avec Henry Malanik pratiquement un soir sur deux ?
> – Oui, je l'ai dit.
> – Disiez-vous la vérité ?
> – Elle était là. Pas trois ou quatre fois dans la pièce. Juste pour sortir avec lui.

Krystik était intimidé par l'interrogatoire de l'avocat.

Johnston commence à insinuer que peut-être les verres que Krystik avaient servis à Malanik ce soir-là n'étaient pas de l'alcool artisanal, mais de l'eau :

– Quelle quantité d'alcool versiez-vous ?
– La moitié d'un verre.
– Vous mettiez de l'eau dans le verre ?
– Je ne pourrais pas vous dire.
– Où vous étiez-vous procuré l'alcool artisanal ?
– Je ne pourrais pas vous dire.
– Est-ce que c'est la vérité ?
– Oui, c'est la vérité.
– Qui s'est procuré l'alcool ?
– Je ne sais pas.
– Est-ce que ça c'est la vérité ?
– C'est la vérité.
– Les verres que vous versiez étaient des demi-verres ?
– Oui.
– C'est la vérité ? Ça n'était pas des quarts de verres ?
– Non.
– Ni des trois-quarts ?
– Non.
– C'était des demi-verres ?
– Oui.

En 1950, les tests d'alcoolémie n'étaient pas reconnus comme preuves valables en cour. Il semblerait, en se basant sur la preuve de la défense, que Malanik avait ingurgité près de trois mille millilitres, soit environ un gallon d'alcool artisanal en quatre heures. Son niveau d'intoxication aurait pu être aussi élevé que six cents milligrammes d'alcool par cent millilitres de sang, soit sept ou huit fois le niveau légalement toléré, qui est de quatre-vingt milligrammes d'alcool pour cent millilitres de sang.

Un témoin de la défense, le Dr George Gurland, déclara à la cour que Malanik « avait une haleine qui sentait l'alcool, qu'il était tapageur, bruyant et qu'il parlait beaucoup. Il semblait être saoul. Très saoul. »

On demanda au médecin si une personne pouvait être dans un état d'ébriété tel que cela l'empêchait de former une intention.

« Une personne dans un tel état peut exécuter des actes intentionnels, conclut-il, mais pour ce qui est de mener à bien de tels actes, il est certain que l'état d'ébriété joue un rôle important. Dans le cas d'un acte planifié avec un certain degré de complexité, le comportement d'un individu, même dans cet état, s'il fonctionne encore, est essentiellement impulsif, non planifié. Si sa raison est affaiblie, son impulsivité a moins à voir avec les conséquences de n'importe quel acte qu'il peut accomplir, qu'elle n'en a chez un individu dans son état normal. »

Malanik assurait sa propre défense. C'était un homme grand et d'apparence désordonnée, mais il semblait petit à la barre des témoins. Le costume brun fripé qu'il portait détonnait avec sa chemise blanche coûteuse et soigneusement pressée :

Le 15 juillet, je suis resté au lit jusqu'à neuf ou dix heures. Je me suis levé. J'avais un petit chien : j'ai joué un moment avec. J'ai pris mon petit déjeuner. Après ça, j'ai rencontré Alex Poplawski. Je lui ai demandé s'il irait au mariage. Il a dit « Oh oui ». Je suis retourné dans ma chambre, j'ai commencé à jouer avec le chien. Je lui ai fait : « Alors Rusty, on va aller se promener, toi et moi ». Après ça, je suis retourné dans ma chambre. J'avais une bouteille de whisky. J'en ai pris une bonne gorgée. J'en ai pris une autre. Alors j'ai dit, en voyant que c'était le dernier membre de la famille de Bill à se marier, que j'irais au mariage. J'ai décidé d'y aller. Je suis resté pour le mariage. La femme m'a accueilli. Je lui ai serré les mains. J'ai aussi été accueilli par William Krystick. Il m'a amené en bas. Puis M. Krystik, le vieux Krystik, est descendu avec un gros pichet et il a rempli mon verre à eau avec de l'alcool maison. Partout où j'allais, Krystik, le vieux, me suivait et me disait : « Alors Malanik ? » J'en ai pris un autre. J'ai pris d'autres boissons. Du maison. Très fort. Je me demandais si je pourrais en avoir une bouteille. J'ai dansé un peu. À partir de là, Monsieur, je ne me souviens plus de rien.
— Quelle est la première chose dont vous vous souvenez ?
— La première chose ? Je me souviens que j'étais allongé par terre. Tout-à-coup, j'ai entendu un gros raffut. J'ai entendu une voix qui disait :« Espèce d'enfant de chienne, tu as tué un policier ! » J'étais touché à la poitrine. Je ne me souviens plus. Quand je suis revenu à moi, je me suis retrouvé attaché à un lit. J'avais les mains attachées. Les pieds aussi. J'ai demandé si je pouvais avoir de l'eau. J'ai bu plusieurs pots

d'eau. Ça m'a rendu très malade. Je lui ai dit que j'allais vomir. J'ai vomi sur son uniforme. Je me suis excusé. Il a dit que c'était correct.

– À quel moment votre mémoire a-t-elle commencé à se brouiller ?

– C'est difficile à dire. Un homme qui boit. Le premier verre, très heureux. Le deuxième ne serait pas aussi dur. Puis c'est comme boire de l'eau, on ne peut pas dire.

Malanik insista sur le fait qu'il ne pouvait rien se rappeler d'autre, qu'il s'était évanoui.

Il restait à entendre, dans l'ordre, M. Crawford, puis M. Johnston et finalement le juge Kelly.

Les arguments étaient prévisibles. Crawford déclara au jury que Malanik n'était pas fou : « Non, il était juste trop saoul pour agir dans un but délibéré. L'homme était complètement abruti par l'alcool, il était incapable d'avoir une intention quelconque. »

Johnston fit un témoignage émotif, dramatique et réfuta efficacement l'argument : « Ça n'était pas une action sans but. Malanik n'était pas allé se chercher un fusil et n'avait pas tiré sans but ou sauvagement. Il avait agi dans un but délibéré. Ce n'est qu'après avoir été lui-même blessé et quand il s'est aperçu qu'il était incapable de réaliser son plan qu'il avait eu des remords. C'est à ce moment-là que Malanik avait commencé à penser à sauver sa peau. »

En résumant, à la fin du procès, le juge Kelly avertit le jury de considérer l'état dans lequel Malanik s'est rendu à la maison d'Argyle Street : « Je dois vous recommander que si, à cause de sa consommation d'alcool, un homme est tellement saoul qu'il est incapable de former ou d'avoir l'intention nécessaire pour constituer un délit, il ne peut pas être reconnu coupable de meurtre. Il est certain qu'il était saoul. Mais à quel point ? »

Au cours du procès, personne n'avait répondu à cette question ambiguë.

« Vous devez tenir compte de sa conduite dans la maison », dit le juge Kelly qui poursuivit :

« Le fait qu'il tire sur un homme inconnu puis recharge son arme et apparemment vise Peachell, qui a heureusement retiré sa tête du coin de la porte... Vous devez vous demander si sa conduite dans la maison ce soir-là est la conduite d'un homme rationnel ou celle d'un homme qui, à cause d'une consommation excessive d'alcool ne savait pas ce qu'il faisait ou agissait comme quelqu'un qui n'avait aucune connaissance ou aucune idée intentionnelle de ce qu'il faisait.

Toutefois, si l'accusé est allé au 19 Argyle Street avec l'intention soit de tuer ou de blesser gravement quelque personne que ce soit se trouvant dans la maison, disons la maison de Kafka, et si, par hasard, il tue le sergent détective Sims ou tout autre policier, sans avoir eu l'intention de le faire, il s'agit encore d'un meurtre. »

Malanik avait poignardé Kafka avant de tirer sur Sims. Il était raisonnable à présent que le jury suppose que Malanik était revenu à la maison pour tirer sur Kafka. Malheureusement, la balle destinée à Kafka avait tué Sims à la place.

Crawford fit objection et suggéra que le juge Kelly demande au jury de prendre en compte le degré d'intoxication de Malanik.

– Tout ce que je veux dire, ajoute le juge Kelly, c'est qu'un homme qui est en état d'ébriété peut envisager plus facilement le danger.

– Selon ma thèse, cela ne suffit pas, protesta Crawford.

Kelly fut inflexible.

Un jury composé des pairs de Malanik, trois fermiers, trois ouvriers de la construction, deux commis à l'expédition, un peintre, un vendeur et deux marchands, délibèrent pendant trente minutes avant de rendre leur verdict. Le président du jury déclara : « Nous trouvons l'accusé coupable. »

Lorsqu'on lui demanda s'il avait quelque chose à dire avant que la peine de mort soit prononcée, Malanik répondit : « Non, votre honneur. » Il fut condamné à être pendu le mercredi 17 janvier 1951.

Crawford fit appel au motif que les recommandations du juge Kelly au jury étaient inadéquates. La moitié des juges de la Cour d'appel du Manitoba furent d'accord. Un des juges de la

Cour d'appel alla même jusqu'à substituer son droit discrétionnaire à celui du jury. Il déclara : « Je n'ai aucune hésitation à trouver que face à la preuve de boisson et d'ébriété, aucun jury raisonnable, correctement instruit, n'aurait prononcé un verdict de meurtre. On devrait lui substituer un verdict d'homicide involontaire. »

Il n'y eu pas de verdict de substitution mais il y eu un second procès en mai 1951.

Le résultat fut le même.

À l'exception du meurtre d'enfants, aucun crime ne répugne autant un jury que le meurtre d'un agent de police. Les avocats de la Couronne expérimentés savent que les jurys ont rarement de la sympathie pour ce genre d'accusés. Dans le cas de Malanik, il fut suggéré que le second jury ne considère pas l'alcool comme une circonstance atténuante, mais plutôt comme une circonstance aggravante. En effet, les avocats soutinrent que si Malanik ne s'était pas saoulé, le brigadier Sims ne serait pas mort.

Dans le rapport qu'il adressa au solliciteur général, le juge exprima un point de vue différent. Le juge Kelly reconnut que s'il avait siégé sans jury, « (il aurait) eu un doute sur la capacité de l'accusé à reconnaître le bien du mal. À mon sens, Malanik était très saoul et est devenu fou furieux au 19 Argyle Street. Autrement, je ne peux pas comprendre pourquoi il aurait tiré à vue sur quelqu'un. Je me vois également dans l'obligation de faire remarquer que je sens chez les témoins produits par la police une tendance à minimiser l'état d'ébriété de l'accusé au moment où les coups de feu ont été tirés. »

Le rapport n'influença pas le premier ministre Louis Saint-Laurent ni les membres de son cabinet. Il y eut encore trois sursis à l'exécution de Henry Malanik avant qu'il ne meure le matin du mardi 16 juin 1952. Son second appel à la Cour d'appel du Manitoba fut rejeté, de même que celui qu'il adressa à la Cour suprême.

Bob Metcalfe, journaliste au *Tribune* de Winnipeg, assistait à la pendaison.

« Je n'aurais pas dû être surpris du nombre de policiers qui sont venus, se souvint Metcalfe, mais je l'ai été. Anderson était présent pour voir mourir l'homme qui l'avait blessé et qui avait tué son partenaire. Environ une dizaine d'autres policiers en uniforme se trouvaient dans la salle de la prison de Headingly où a eu lieu l'exécution. »

Les témoins avaient pris place autour de la balustrade qui entoure la trappe. Il était deux heures du matin.

« Ça s'est fait tout de suite, dit Metcalfe. J'étais complètement paralysé par la scène qui se déroulait sous mes yeux. »

Il y avait une porte à droite de la salle. Elle s'ouvrit et Malanik, un faible sourire aux lèvres, fut introduit dans la pièce par le major McKinley de l'Armée du Salut, qui tenait une Bible à la main.

Le bourreau, un homme petit et trapu portant un béret et une chemise hawaïenne criarde et incongrue, fit rapidement son office. Il plaça une cagoule sur la tête de Malanik et passa la corde autour du cou du condamné. Un grand tremblement parcourut le corps de Malanik.

Le major McKinley entama le Notre Père :

– Notre Père, répéta Malanik d'une voix ferme et forte.
– Qui êtes aux cieux…
– Qui êtes aux cieux.
– Que Votre nom soit sanctifié…
– Que Votre nom soit sanctifié.
– Que Votre règne arrive…
– Que Votre règne arrive.
– Que Votre volonté soit faite… L'aumônier fit signe au bourreau.
– Que Votre volonté…

Dans un large mouvement, le bourreau attacha d'une main une courroie de cuir autour des pieds sans chaussures de Malanik. De l'autre main, il actionna le levier de la trappe.

« Bang ! Il est tombé ! dit Metcalfe, décrivant la scène, mais la putain de corde lui a sectionné la jugulaire. Pendant qu'il se balance au bout de sa corde, le sang gicle sous la cagoule, éclaboussant au passage les tuiles blanches des murs et la porte. Il se balance de l'avant vers l'arrière, avec le sang qui gicle, la tête inclinée sur le côté. C'est grotesque, sanglant, macabre. »

Anderson et Metcalfe furent les derniers à quitter la salle.

Metcalfe jura qu'il avait détecté « un léger sourire ou une grimace, je ne suis pas certain » sur le visage d'Anderson. « J'ai eu l'impression qu'Anderson se disait : On t'a eu, salaud ! Il a fallu deux ans, mais on a fini par t'avoir ! »

Anderson se pencha vers l'avant, les bras arrondis sur la balustrade, il regarda le cadavre sanglant se balancer. On coupa la corde et la mort de Malanik fut prononcée à deux heures treize du matin.

Empruntant une porte qui se trouvait à droite de la salle, les témoins se retrouvèrent dans la cuisine de la prison. En attendant l'enquête du coroner, on leur servit du café, des sandwiches au jambon et une tarte aux raisins.

Metcalfe ne put rien avaler.

Comme il se tenait d'un côté, Jimmy O'Brien, un policier qu'il connaissait et qui appartenait à l'escouade des mœurs, s'approcha de lui :

« On a été des imbéciles de venir, Metcalfe, dit O'Brien. Le chef nous a dit qu'on le regretterait. Il nous avait conseillé de ne pas y aller. Il avait raison. On a été des imbéciles de venir. »

---

1. Avant la mort de Sims, le dernier policier à tomber en service dans la ville avait été l'agent John McDonald, touché à la tête par des balles tirées à bout portant par Mike Atomonchuck, alias « Mike the Horse » alors que McDonald guettait un trio de perceurs de coffres. « Mike the Horse » se suicida plutôt que de se rendre. Deux autres suspects, Joseph Barnett et John Andrusiak, furent plus tard acquittés.

CHAPITRE 6

Nouveau-Brunswick

Joseph-Pierre Richard

Samedi, le 9 février 1957.

Une neige épaisse recouvrait les toits du relais routier de River Charlo, au Nouveau-Brunswick. La communauté, qui comptait alors une centaine de personnes, bordait les deux côtés de l'autoroute 11 qui relie Dalhousie à Bathurst. L'autoroute traverse la terre recouverte de pins noirs que les gens du cru appellent « la rive sud de la baie des Chaleurs. »

Ce soir-là, à River Charlo, le rire d'enfants braillards remplissait la salle à manger de la maison des Vincent. Les garçons, Graham, Weldon et Lynn Vincent étaient devant la télévision en train de regarder *La Soirée du hockey*; les écolières, Donna Vincent, Annie Huibers et Mary Katherine de la Perelle gloussaient autour de la table en collant des cœurs de carton rouge sur la boîte de Valentin recouverte de papier crépon blanc.

Ce fut Kay de la Perelle, âgée de quatorze ans, qui, la première, remarqua l'ombre d'un homme tapi sous un réverbère situé à un mètre ou deux de la fenêtre de la salle à manger. La présence de l'étranger qui jetait des regards furtifs dans leur direction inquiétait les enfants, qui éteignirent les lumières pour mieux voir la silhouette de cet homme qui s'attardait dans l'obscurité.

Ils n'avaient pas tort d'avoir peur. L'homme qui se trouvait sous le réverbère s'appelait Joseph-Pierre Richard et il dégageait effectivement une certaine malveillance. Tout le monde à River Charlo le sentait. Il était trapu, avec une large carrure, un regard fuyant et des sourcils broussailleux. Ce soir-là, l'homme, qui portait un long manteau avec un col de fourrure, avait l'air d'un fantôme. Son bras droit qui battait comme un sémaphore lui donnait une démarche très particulière.

Richard venait juste de sortir de prison. Les gens de River Charlo disaient que c'était un meurtrier mais qu'il avait réussi à s'en tirer. Toutes sortes d'histoires couraient à son sujet. Les parents disaient à leurs enfants qu'il était le diable, qu'il hantait la campagne la nuit. Lorsqu'un cimetière était profané ou lorsqu'on trouvait des chiens ou des chats mutilés, c'est immédiatement vers Richard que se tournaient les soupçons.

Kay de la Perelle ne croyait pas à toutes ces histoires. En allant à l'école, elle devait passer chaque jour devant sa maison, située près du pont de fer vert qui enjambe la rivière Charlo. Elle voyait souvent les deux petits enfants de Richard, William et Milton, jouer dans la cour avant. « Richard ne peut pas être si mauvais que ça, dit-elle à ses amis, ses enfants sont gentils. Ils sont vraiment mignons ! »

Kay avait treize ans : elle n'était plus une enfant, mais pas encore une femme. Son anniversaire était dans onze jours, le 20 février. Elle était l'aînée de trois enfants. Ses parents étaient John de la Perelle, machiniste à la International Paper Company, et Helen Dempsey. Kay était en septième année, c'était une élève sérieuse et intelligente; elle avait des cheveux auburn brillants, des yeux bruns et un sourire pincé. Elle ne riait pas souvent, mais quand ça lui arrivait, elle éclatait d'un rire joyeux. Elle était guide et participait activement à l'école du dimanche, à l'église unie de Sion. Elle avait un talent d'artiste prometteur : ses dessins et ses tableaux étaient meilleurs que ceux des autres enfants. Comme la plupart des filles de son âge, elle passait des heures à écouter ses disques sur sa chaîne hi-fi. Elle aimait beaucoup Pat Boone.

À dix heures trente, une fois la boîte de la Saint-Valentin vide et la partie de hockey terminée, Kay s'emmitoufla et quitta la maison des Vincent. Elle habitait à quelques centaines de mètres de là. Sur son chemin, elle passa devant le dépanneur Stevens Canteen, un petit édifice recouvert de tôle ondulée. Une seule guirlande de lumières de Noël clignotait au-dessus de la porte du magasin, et une lampe fixée dans un coin éclairait faiblement un panneau réclame où on pouvait lire : « Buvez Coca-Cola ». C'était la première lumière à rompre l'obscurité gelée. Kay se précipita à l'intérieur, acheta un sachet de cacahuètes salées *Planters* à cinq cents et poursuivit son chemin dans l'obscurité.

On ne devait plus la revoir vivante.

Kay n'était toujours pas rentrée à onze heures du soir et son père appela les Vincent. Quand on lui dit que Kay était partie environ une demi-heure plus tôt, John de la Perelle pensa d'abord que sa fille avait été renversée par une voiture. Il partit à sa recherche. De la Perelle passa la plus grande partie de la nuit à chercher sa fille, jusqu'à ce qu'une neige épaisse commence à tomber. Fou d'inquiétude, il abandonna ses recherches. Le dimanche matin de bonne heure, une battue fut organisée dans le village et environ cinquante personnes donnèrent des coups de pied dans les bancs de neige, regardèrent à l'intérieur des chalets d'été vides et battirent la campagne.

Au début de l'après-midi, Kenneth Laakso, âgé de quatorze ans, qui participait à la battue, descendit une route de traverse peu utilisée et recouverte d'une épaisse couche de neige. On lui avait donné le nom de chemin Petrie parce qu'elle conduisait à la maison d'été des Petrie, un chalet aux nombreuses fenêtres d'où l'on avait une vue plongeante sur la baie. À mi-chemin, Laakso aperçut un creux dans la neige, « comme si un œuf géant ou quelque chose était tombé dedans. Ça avait la forme d'un œuf. C'était de la même forme qu'un œuf. » Comme il s'approchait et marchait dans le trou, il se rendit compte qu'il était debout sur quelque chose « comme si c'était à la fois dur et mou. »

Plus tard, dans une salle d'audience, on lui demanda si la chose était recouverte :

– Oui.
– Par quoi ?
– De la neige, Monsieur.
– Après que vous ayez marché sur ce qui vous est apparu comme dur et mou à la fois sous la neige, qu'avez-vous fait ?
– J'ai reculé et j'ai balayé la neige juste à l'endroit où mon pied se trouvait.
– Et qu'avez-vous vu ?
– J'ai vu du tissu rouge avec un peu de noir.
– Qui couvrait quoi ? Ce tissu, autour de quoi était-il ?
– Autour d'un corps, Monsieur !

C'était le corps de Mary Katherine de la Perelle.

Le viol et l'assassinat de la jeune fille n'étaient que trop évidents. Son chandail de laine rouge était remonté bien au-dessus du nombril. Ses sous-vêtements d'hiver étaient déchirés et une des jambes de ceux-ci formait un nœud serré autour de son cou. Pour empêcher ses cris d'être entendus, elle avait été bâillonnée avec son propre foulard; son visage était tuméfié. On lui avait ôté ses bottes mais pas ses chaussettes écossaises; des traces de sang gelé s'égouttaient de son hymen déchiré. À part les bleus qu'elle portait sur le visage et le sang à l'intérieur de ses cuisses, il n'y avait aucun signe d'aucune sorte sous le corps ou autour du corps, qui puisse suggérer une lutte. C'est comme si la jeune fille était tombée du ciel et avait atterri dans le chemin Petrie.

Le *Gleaner* de Fredericton clama la nouvelle :

ON CRAINT QUE LE TUEUR FRAPPE ENCORE
PEU DE GENS S'AVENTURENT À L'ENDROIT OÙ LA FILLE A ÉTÉ TUÉE !
ON RAPPORTE QUE LES CHEMINS À PROXIMITÉ DE L'ENDROIT FATAL SONT DÉSERTÉS PAR LES FEMMES ET LES ENFANTS !
(Dalhousie) Édition spéciale — une atmosphère de peur « que le tueur frappe encore » — pour reprendre les mots d'un résident — enveloppe d'un linceul cet endroit alors que la GRC continue la chasse du tueur de la jeune adolescente.
Les routes de campagne qui s'étendent vers l'est à partir d'ici et tout le long de la baie des Chaleurs au nord du Nouveau-Brunswick se sont vidées des femmes et des enfants mardi soir, alors que la peur de s'aventurer seuls s'est emparée d'eux...

Lorsque le père de Joseph-Pierre Richard apprit la nouvelle du meurtre qui s'était produit à quelques kilomètres de la rivière Charlo à New Mills, Pierre Richard soupçonna immédiatement que l'aîné de ses seize enfants devait savoir quelque chose du meurtre.

Il alla voir son fils.

– On a entendu dire que tu étais en prison, dit l'aîné des Richard.

– En prison pour quoi ? demande Joseph.

– Ben, pour cette petite fille.

– Je ne serais pas en prison pour ça, parce que je n'ai jamais fait ça, dit Joseph à son père. En fait, j'attendais les flics ici, en rapport avec ce qui s'est passé avant.

Avant, c'est-à-dire quatre ans auparavant, le 27 octobre 1953 : Joseph-Pierre Richard avait sauté dans un taxi à Campbelltown et demandé au chauffeur, Théophile Gallant, de le conduire à huit cents mètres de là pour aller chercher un paquet. Apparemment, Richard soupçonnait Gallant, un homme marié avec un enfant, d'avoir une liaison avec sa femme. Sur une route transversale peu fréquentée de l'autoroute 11, alors que Gallant s'était arrêté pour uriner, Richard lui avait tiré dessus avec son fusil de chasse de calibre .20 avant de disparaître dans les bois environnants.

La première tentative de meurtre de Richard s'était soldée par un échec.

Gallant, qui saignait de blessures aux mains, à l'épaule et au côté, était parvenu en titubant au presbytère d'un prêtre anglican qui l'accueillit (« Il avait le teint gris et cireux comme celui d'un cadavre ») et parvint à lui sauver la vie.

Richard avait été arrêté et accusé de tentative de meurtre. Dix jours après son arrestation, il avait rampé sur un monte-plat et s'était évadé de prison. On l'avait repris dans une ferme près de Dalhousie où il s'était caché.

Il était possible que le juge Enoel Michaud fasse preuve de clémence envers Richard parce que ce dernier avait plaidé coupable aux inculpations de tentative de meurtre et d'évasion de prison. Le juge Michaud avait fait remarquer que même si Richard risquait d'être condamné à une peine pouvant aller jusqu'à dix ans de prison, il était prêt à donner à Richard une chance de refaire sa vie.

« Je compte sur vos bonnes intentions pour rentrer dans le droit chemin », avait dit le Juge Michaud alors qu'il condamnait Richard à trois ans de prison. Le verdict n'avait guère plu aux gens du nord-ouest du Nouveau-Brunswick. Selon eux, Richard aurait dû être condamné à une peine deux fois plus sévère. La communauté était inquiète lorsque Richard fut libéré sur parole et qu'il retourna à River Charlo en décembre 1956, soit six semaines avant que Kay de la Perelle soit retrouvée assassinée.

Quatre jours après le meurtre, un millier de personnes assistèrent aux funérailles. Kay fut enterrée au cimetière de New Mills. La police n'avait encore procédé à aucune arrestation mais elle tenait une piste.

L'agent de la GRC Harold Warren Burkholder, un policier particulièrement tenace, était déterminé à venger la mort de Kay de la Perelle. Ancien combattant qui avait servi dix ans dans les forces armées, Burkholder était le maître d'un chien policier « Ranger », mais la neige avait effacé toute empreinte et gelé toute odeur que le chien aurait pu flairer. Burkholder croyait à la règle d'or du détective : aucun meurtrier n'a jamais laissé les lieux du crime sans laisser derrière lui *au moins une preuve* matérielle. Il entreprit donc la tâche laborieuse de pelleter, de passer au râteau et de tamiser la neige du chemin Petrie. Après trois jours, il vit ses efforts récompensés. Il trouva un bouton et trois poils humains.

Au cours de l'enquête, la police apprit que Joseph-Pierre Richard s'était caché près de la maison des Vincent des heures avant que Kay de la Perelle disparaisse. On dit aux policiers que Richard avait été vu portant un manteau trois-quarts caractéristique, bleu ou gris, avec un col en fourrure.

Le sergent détective de la GRC David Bryenton passa voir Richard et demanda à voir le manteau.

Richard dit à Bryenton qu'il ne l'avait plus. « J'ai eu un sac de charbon à la gare de Charlo, ou un demi-sac, que j'ai transporté à la maison sur mon épaule. Je portais mon manteau. Mon manteau a été brûlé dans le dos à cause de l'acide qu'il y avait dans le charbon, ou sur le sac », explique Richard, disant qu'il a retiré le col de fourrure et l'a mis dans une remise pour en faire une litière aux chats. « Le manteau est vers la rivière, enterré dans la neige, près de la voie ferrée. C'est tout. J'ai pensé vous en parler. »

– Comment ça se passe sexuellement ? » interrompit Bryenton.

– Ma femme ne refuse jamais d'avoir des relations sexuelles avec moi. Parfois ma femme n'aime pas avoir des rapports la nuit mais elle ne me refuse jamais le matin. Quand j'étais en prison, ça ne me dérangeait pas de ne pas avoir de relations sexuelles. Il y avait plein de pervers au pénitentier parmi les détenus, mais ils ne me dérangeaient pas. Je n'ai de désirs sexuels que pour ma femme. »

Les policiers n'arrêtèrent pas officiellement Richard mais lui demandèrent de les suivre à Dalhousie pour répondre à d'autres questions. Le sergent Bryenton dit à Richard qu'on allait l'installer dans une pièce aussi confortable que possible à la mairie, qu'on lui donnerait à manger mais que s'il refusait de les suivre, ils prendraient des mesures légales pour le détenir.

Richard accompagna les policiers et pendant deux jours il fut gardé dans une petite pièce où il dormait sur un canapé. Il n'avait pas la permission de quitter la pièce; il ne demanda jamais à appeler un avocat pas plus qu'on ne lui en donna la permission. Juste avant midi, le lundi 18 février, Bryenton poursuivit son interrogatoire.

– Remue-toi, Joe : tu nous as parlé du manteau, maintenant parle-nous du reste, insista-t-il.

– Non.

– Ce serait terrible qu'il t'arrive quelque chose et qu'on ne sache pas la vérité à propos de cette petite fille.

Richard joua avec les photographies de ses deux enfants qu'il avait dans son portefeuille et les larmes lui montèrent aux yeux.

– Si vous m'accusez, si je suis condamné, je vous le dirai avant de mourir.

Puis il se mit à pleurer.

Le manteau ne se trouvait pas là où Richard l'avait indiqué. Se faisant face, tête baissée, les policiers en combinaisons jaunes coupèrent la glace de la rivière Charlo jusqu'à ce qu'ils le trouvent, en aval de l'endroit indiqué par Richard. Le col était encore après le manteau et de petites traces de duvet de laine rouge étaient attachés à la fourrure. Quatre boutons manquaient au manteau et il n'y avait pas de trace de brûlures d'acide.

Ce que l'on retint contre Joseph-Pierre Richard était une preuve entièrement indirecte. Richard fut arrêté et accusé du meurtre de Mary Katherine de la Perelle.

Un avocat de Campbelltown, Wilfrid Senechal, défendit Richard malgré sa réticence. « La seule chose qui rachète Richard, c'est que l'homme n'est pas très intelligent, déclara Senechal. Il a une conscience sous-développée. C'est le genre de type qui peut attacher un chien à une traverse de chemin de fer, l'asperger d'essence et y mettre le feu sans penser qu'il a fait quelque chose de mal. Et c'est ce qu'il a fait. Il a mis le feu à un chien. On lui a donné une amende de cinquante dollars. Tout le monde à Charlo était au courant. »

Senechal pensait qu'il pouvait éventuellement plaider l'aliénation mentale, mais Richard refusa de coopérer. Il refusa de parler à un psychiatre. « C'était très frustrant de communiquer avec lui, déclare Senechal, je ne pouvais pas le forcer à coopérer et il ne voulait pas coopérer. Il m'a dit qu'il aimait mieux mourir plutôt qu'être envoyé dans un asile psychiatrique. »

La seule chose que l'on fut capable de trouver sur Richard est qu'il possédait un casier judiciaire. Joseph-Pierre Richard avait vingt-neuf ans. Il était né à Tracadie, au Nouveau-Brunswick, le 14 novembre 1928. Son père était pêcheur et forestier. À vingt ans, il épousa Eva Furlong et ils eurent deux enfants. Richard avait déjà eu des démêlés avec la justice : en plus d'avoir mis le feu à un chien et commis une tentative de meurtre sur la personne d'un chauffeur de taxi, il avait déjà été condamné avec sursis pour saccage et violation de sépultures dans un cimetière. Il avait également été reconnu coupable de vol et, en 1952, il fut condamné à trois ans de prison pour avoir mis le feu à la maison de son beau-père.

Il avait déjà été au service du grand-père de Kay de la Perelle comme pêcheur de homard et il avait été renvoyé.

Le grand-père de Kay croyait que Richard avait tué sa petite fille pour se venger d'avoir perdu sa place. Phillip de la Perelle pensait aussi qu'il était responsable de la mort de sa petite-fille. Un mois jour pour jour après que le corps de Kay eut été trouvé, il mourut à son tour.

Le procès commença à Dalhousie le 3 mai 1957 et Richard se retrouva à nouveau devant le juge Enoel Michaud. La procédure fut compliquée, difficile, technique et longue. Pendant toute la durée du procès, Richard était menotté à un agent de la GRC. Il était impossible pour Senechal de parler à son client dans la salle d'audience.

La principale pièce à conviction de la Couronne était le manteau et la mère de Richard vint témoigner.

– Je vous montre ici un manteau, Mme Richard. L'avocat, Albany Robichaud, un homme au tempérament nerveux, exhiba le manteau avec un col de fourrure.

– Reconnaissez-vous ce manteau ?

– Oui.

– De quel manteau s'agit-il ?

– C'est le manteau que j'ai donné à mon fils Joseph.

L'agent de la GRC Burkholder parla au jury des jours qu'il avait passés à pelleter la neige du chemin Petrie. On lui demanda quels étaient les résultats de sa recherche, en d'autres termes s'il avait trouvé l'aiguille dans la botte de foin.

> – J'ai trouvé un poil pubien puis un autre, juste à quelques centimètres, environ à six mètres de l'endroit où gisait le corps.
>
> – Avez-vous trouvé quelque chose d'autre ?
>
> – Oui, monsieur, approximativement à un mètre cinquante du lieu où gisait le corps, j'ai trouvé un cheveu long et raide.
>
> – Maintenant, votre recherche dans la neige du chemin Petrie vous a-t-elle permis de trouver autre chose ?
>
> – Oui, Monsieur : j'ai trouvé un bouton de bois. À douze mètres du corps.

Une chimiste de la GRC, Rolande Andrée Rouen, examina le bouton et on lui demanda de le comparer avec les boutons qui étaient restés sur le manteau.

– Ils sont très semblables et à mon avis, ils viennent du même manteau.

– À votre avis, que diriez vous de ce bouton trouvé dans le chemin Petrie ?

– Je dirais qu'il vient de ce manteau, dit-elle en pointant du doigt la pièce à conviction qu'on lui présentait dans la salle d'audience.

De la même façon, Rouen déclara dans son témoignage que les particules de fourrure rouge trouvées sur le col du manteau provenaient du chandail rouge que Kay de la Perelle portait la dernière fois qu'on l'a vue.

Réussir à identifier de façon certaine les poils trouvés sur les lieux du crime s'avéra toutefois plus difficile.

James Robinson, du laboratoire de la GRC à Regina, en Saskatchewan, expliqua : « Les poils pouvaient venir de Richard ou d'une autre source à condition que l'autre source présente les mêmes traits physiques que Richard. Les poils humains, explique Robinson, se divisent en trois catégories : mongolien, caucasien et négroïde. Au-delà de ça, il est difficile de relier un cheveu unique à une personne donnée.

Senechal commença son contre-interrogatoire de Robinson :

– Vous ne pouvez pas dire que tel cheveu vient de telle source ?

– Je ne pense pas, non, monsieur, pas encore. Mais la présence d'un poil, ou la position dans laquelle vous trouvez un poil a très fréquemment une grande portée. Dans un cas de délit de fuite, si vous trouvez des cheveux sur l'aile et sur la roue du véhicule, cela indique qu'une personne humaine a été frappée par cette voiture, et si les cheveux trouvés sur la voiture du fuyard présentent les mêmes caractéristiques que celles de la personne blessée, on peut alors inférer qu'il peut s'agir du fuyard. Mais on ne peut pas prouver que c'est lui.

– Vous ne pouvez pas prouver qu'il s'agit de l'homme ?

– C'est exact, monsieur.

Tout au long du procès, Senechal orienta son interrogatoire des autres témoins, dont beaucoup étaient des enfants, en suggérant que peut-être Joseph-Pierre Richard était considéré comme l'auteur d'un crime qu'il n'avait pas commis, simplement parce que la ville avait peur de lui. Un témoin qui ne tomba pas dans le piège fut le père de Kay de la Perelle, John.

– Vous-même, vous n'aimiez pas Joe Richard n'est-ce pas ? lui demande Senechal.

– Je n'avais rien contre lui.

– Parlez franchement, le pressa Senechal.

– Je n'avais rien contre lui.

– Mais vous ne l'aimiez pas particulièrement. Ce n'est pas le genre d'homme que vous inviteriez à souper ? Soyez franc. N'est-il pas vrai que Joe Richard était craint des habitants de Charlo, par la communauté tout entière de Charlo ?

John de la Perelle sourcille.

– C'est correct.

– C'était un homme très impopulaire, n'est-ce pas ? résuma Senechal.

– Oui.

Ce fut là le point crucial du plaidoyer de Senechal au jury, le fait que les soupçons pesaient sur Richard avant même que l'on découvre le corps de la jeune fille et on avait suscité un préjudice contre l'accusé : « Messieurs les jurés, je comprends que je représente maintenant un homme très impopulaire. Très impopulaire. Ma tâche l'est aussi. Aucun témoin n'est venu devant vous pour déclarer qu'il avait vu l'accusé, Joseph-Pierre Richard, avec Mary Katherine de la Perelle à un quelconque moment. » Senechal passa et repassa lentement devant le jury qui semblait l'écouter attentivement.

> « Ayons un peu de bon sens. Le bons sens nous dit que n'importe quel homme, n'importe quel adolescent, en fait, n'importe qui pourrait avoir étranglé la petite fille. Je peux imaginer Mary Katherine de la Perelle en train d'être agressée. Cela aurait pu se passer dans une voiture. Des adolescents auraient pu commettre le crime. On sait qu'à Toronto, il n'y a pas si longtemps – vous avez lu les journaux — un jeune homme de dix-sept ans a déjà tué deux ou trois enfants... Pouvez-vous trouver Joseph-Pierre Richard coupable parce que vous n'avez pas d'autre coupable à produire devant cette cour ? Est-ce que cela serait logique ? Est-ce que cela serait juste ? Est-ce que cela serait honnête ? »

Senechal rejeta la preuve indirecte du manteau et défendit la décision de Richard de le jeter à la rivière.

« Étant vu le soir du crime, l'homme s'attend naturellement à ce que la police le soupçonne » raisonne Senechal. « En fait, il a raison de le croire puisque c'est exactement ce qui s'est passé. On l'a immédiatement soupçonné ! Rappelez-vous, conclut-il, que ce n'est pas le manteau qui passe en jugement, ici ! »

Dans son acte d'accusation, le juge Michaud dit aux jurés que « l'absolue certitude est suffisante, étant donné que la preuve — c'est-à-dire la preuve indirecte — est assez forte pour vous satisfaire, pour créer dans votre esprit une certitude morale que la chose s'est effectivement produite. Il est tout à fait compréhensible que quiconque commet un viol, un meurtre, ou un attentat à la pudeur, ne cherche pas à le faire en public ou au grand jour. »

On a déjà dit qu'un jury qui rend un verdict de culpabilité ne regarde jamais l'accusé. Lorsque les membres du jury revinrent de leurs délibérations, ils évitèrent de regarder l'homme enchaîné à un policier dans le box des accusés.

– Joseph-Pierre Richard, vous êtes reconnu coupable. Avez-vous quelque chose à dire ? demanda le Juge Michaud.

– Je voudrais faire appel, répondit Richard.

– C'est tout ce que vous avez à dire ?

– Oui, votre Honneur.

– Eh bien ! Richard, vous avez été reconnu coupable. Je suis tenu de vous condamner, aussi pénible que cela me soit.

Le juge semblait las.

– Richard, vous vous souvenez n'est-ce pas, vous devriez vous souvenir, de ce que je vous ai dit il y a trois ans, lorsque je vous ai condamné à aller à Dorchester ?

– Oui, votre Honneur.

– Je vous ai dit alors que vous aviez échappé à la potence non pas grâce à vous mais parce que vous aviez manqué l'homme que vous essayiez d'abattre. Et je vous ai exprimé mon espoir que cette condamnation que je devais prononcer contre vous vous donnerait le temps de réfléchir et de vous réformer, et de devenir un homme décidé à prendre sa place dans la société et à suivre le droit chemin. J'ignore ce qui vous est arrivé, mais je sais que si vous aviez suivi mon conseil, vous n'en seriez pas là aujourd'hui.

– J'ai fait de mon mieux, votre Honneur.

Richard fut condamné à être pendu le 17 juillet 1957, mais la date changea souvent. La Cour d'appel du Nouveau-Brunswick fut d'accord à l'unanimité avec Senechal que la police avait fait pression sur Richard pour qu'il s'incrimine lui-même. Dans ce jugement, la Cour d'appel estima que si « la Gendarmerie Royale du Canada mérite la plus haute recommandation pour la minutie de son enquête sur le crime, sa conduite avec l'accusé mérite de sérieuses critiques. » La cour insiste sur le fait que le devoir premier d'un agent de la paix n'est pas « d'obtenir une accusation mais d'assurer la justice ». La police a été prise en défaut : elle a détenu Richard sans avoir procédé à son arrestation.

> Le fait que Richard pleurait en regardant les photos qu'il avait sorties de son portefeuille lorsqu'il fait la déclaration verbale incriminante : « Si je suis condamné, alors je parlerai avant de mourir », indiquait qu'il avait été soumis à un procédé de conditionnement à la confession qui sentait les méthodes de « lavage de cerveau » que nous considérons abjectes lorsqu'elles sont pratiquées par d'autres nations. Ce qui nous occupe ici n'est pas de déterminer la culpabilité ou l'innocence de l'accusé mais de déterminer si ce dernier a eu un procès équitable. Il est préférable qu'il y ait un nouveau procès plutôt que de voir les règles générales élaborées par les dictats de la justice concernant la conduite des poursuites

criminelles méprisées et discréditées. C'est pour cette raison que nous autorisons l'appel, que nous cassons le verdict et ordonnons un nouveau procès.

Dans les semaines qui suivirent, Wilfrid Senechal se fit maudire et cracher au visage. Il reçut de nombreuses menaces de mort. « On m'a averti que si Richard était acquitté une deuxième fois, c'est moi qui serais pendu. »

La femme de Richard, Eva, que l'on décrivait comme une femme *stoïque*, reçut elle aussi des menaces. Après la naissance de son troisième enfant, au début du mois de septembre, Richard avait hâte qu'on le fasse baptiser par son directeur de conscience, le père Jacques-Pierre Benoît, le prêtre du diocèse de Charlo. Soucieuse de la sécurité de sa famille, la femme de Richard avait quitté la rivière Charlo après la naissance du bébé.

À cause de la réaction de la communauté, la sélection du jury pour le second procès s'avéra ardue et laborieuse. On interrogea plus de quatre-vingts personnes avant d'être en mesure de trouver les douze jurés.

Typique est l'interrogatoire du juré potentiel Arsène Roy :

> – Est-ce que vous avez pris votre décision concernant cette question ?
> – Assez bien.
> – Assez bien ? Il vous serait assez difficile de donner à l'accusé le bénéfice du doute ?
> – Peut-être.
> – Votre décision est prise ?
> – Oui.

Ou encore ceci, venant d'un autre candidat, Wylie Hamilton :

> – Votre opinion est-elle arrêtée quant à la culpabilité ou l'innocence de Joseph-Pierre Richard ?
> – Oui, monsieur !
> – Quand avez-vous arrêté cette opinion ?
> – À la fin du premier procès.

Le deuxième procès de Joseph-Pierre Richard pour le meurtre de Katherine de la Perelle débuta le 24 septembre 1957; la plupart des témoins étaient les mêmes que ceux qui avaient témoigné lors du premier procès. Seul le juge était nouveau : il s'agissait du juge C.J. Jones. Le seul élément réellement dramatique fut le moment où la mère de Richard vint témoigner.

Au cours du premier procès, elle avait identifié le manteau comme étant celui qu'elle avait donné à son fils à sa sortie de prison. À présent, elle changea son témoignage à la barre des témoins.

> – Il n'est pas de la même longueur, dit-elle lorsqu'on lui demanda s'il s'agissait du même manteau.
> – Ce manteau n'a pas la même longueur que celui que vous avez offert à votre fils ? » demanda, incrédule, le procureur, Albany Richard.
> – Non, dit-elle platement.
> – Qu'est-ce que vous voulez dire ?
> – Il est plus court.
> – Celui-ci est plus court ?
> – Oui.
> – Est-il possible qu'il ait rétréci ?
> – Je ne sais pas. Peut-être.
> – Parlez-nous du col de fourrure ?
> – Le col de fourrure n'est pas de la même couleur non plus.

Le juge Jones rejeta le témoin comme hostile. Le jury fut instruit de ne pas tenir compte des mots qui venaient d'être prononcés. Le deuxième procès ne changea rien. Richard fut à nouveau reconnu coupable et à nouveau condamné à la pendaison, le 11 décembre 1957.

Lorsqu'on lui demanda s'il avait quelque chose à dire avant que la condamnation ne soit prononcée, Richard se leva, fit face au juge Jones et répondit : « La seule réponse est, votre Honneur, que je ne suis pas coupable. Tout ce que je peux dire c'est que je ne suis pas coupable. Je n'ai pas tué cette petite fille. »

Le juge Jones le crut presque. Dans le rapport qu'il rédigea à l'attention du Solliciteur général, Jones écrivit : « J'ai le sentiment que l'accusé est coupable mais j'ai aussi le sentiment que s'il avait été un homme de bonne réputation, il aurait été peu probable qu'on l'inculpe en se basant sur une preuve identique. »

Richard fut détenu à la prison du comté de Restigouche, à Dalhousie. Le quartier des condamnés à mort se composait de deux cellules situées près du bureau du shérif.

Le confesseur de Richard, le père Benoît, avait l'impression que « si Richard avait parlé et dit au juge exactement ce qui s'était passé, il aurait peut-être échappé à la pendaison. Le problème est qu'il ne parlait pas. La défense n'avait rien sur quoi travailler. Dans le fond, cela faisait pitié, et le fait d'avoir passé tant de temps en prison avait dû le déranger mentalement. »

Richard avait dit à la police lors de son arrestation qu'il dirait la vérité au sujet de la fille de la Perell « avant que je meurs, si je suis condamné ». S'il a fait des aveux, la vérité demeure sous le sceau de la confession. Tout ce que le père Benoît dira est que « Richard est bien préparé à mourir ».

Légalement, l'exécution devait être faite par le shérif du comté de Restigouche, Edmund LeBlanc, ou par un gendarme nommé par lui. LeBlanc n'avait pas les reins assez solides pour faire ce travail et il fit appel aux services d'un bourreau de Toronto.

« J'étais malade comme un chien. Je m'étais saoulé et je ne me sentais pas trop bien cette nuit-là ». Il se souvient :

Je ne voulais pas être là. Le père Benoît a dit la messe dans la cellule et Richard a reçu la communion. Richard a eu droit à deux injections de morphine mais il n'en a pris qu'une. Il a dit que ça lui donnait mal au cœur. J'ai donc ouvert la porte de mon bureau et j'ai dit : « Joe, approche. » La potence était construite juste là, dans le bureau; on avait fait un trou dans le plancher. Il n'y avait pas beaucoup de monde dans la pièce. Le père de l'enfant assassinée était présent. Je ne voulais pas que La Perelle soit là mais il a insisté; qu'est-ce que je pouvais y faire ? Il y avait le prêtre, l'inspecteur de la prison, le bourreau et neuf membres du jury siégeant avec le coroner. C'est à peu près tout.

Donc Joe est sorti, il a descendu une marche, puis il a gravi les trois marches qui conduisaient à la potence construite par nos soins. Il avait une photo de son bébé nouveau-né dans la poche de sa chemise, près de son cœur.

Il avait l'air calme. La dernière chose que j'ai entendu Joe dire c'est : « J'espère que le Seigneur me pardonnera ! » C'est tout. La trappe s'est ouverte et il est descendu tout en bas, dans le sous-sol et il a plongé dans l'éternité. Après, on a enterré le corps au cimetière de Nash Creek.

Est-ce que Richard était, comme de nombreux psychiatres en médecine légale le pensent, « de la mauvaise graine » ? Est-ce qu'il est né diabolique et l'est resté ? Le cas échéant, sa mort au gibet aura été la conclusion normale d'un crime abominable. Cependant, un mémorandum anonyme préparé probablement par le psychiatre fédéral pour le Solliciteur général en novembre, offre un regard tentant quoique obscur du psychisme étrange de Joseph-Pierre Richard :

Le prisonnier s'est montré non coopératif et soupçonneux quand nous avons voulu l'examiner. Quand on lui a demandé de décrire sa vie passée, il s'est apparemment rappelé avoir été négligé par ses parents et battu par son père. Il aurait été victime d'abus sexuel par un homme d'église qui était le père d'une fille âgée de quatorze ou quinze ans, dont Richard s'était amouraché. La fille était protestante, Richard était catholique romain. Quand le pasteur qui avait pris des libertés sexuelles avec lui est mort accidentellement, le prisonnier dit qu'il est allé « chier sur sa tombe ». Incidemment, il ne faut pas oublier de mentionner la question de la fiabilité des histoires de cet homme et déterminer si les choses qui lui sont arrivées se sont produites suivant ses descriptions. Apparemment, son développement psychique semble s'être arrêté au début de l'adolescence.

Lorsqu'on le questionnait sur le crime, le prisonnier ne sortait de son mutisme que pour dire : « Ça n'était pas sexuel, il n'était pas question de sexe. La fille n'est pas morte à cause du sexe. »

CHAPITRE 7

Québec

Henri Hector Légault

Alors que Jean-Claude Perrault parcourait les annonces classées du quotidien *La Presse* du début du mois de janvier 1958, une annonce attira son attention.

RECHERCHÉ : Homme célibataire avec voiture modèle récent, libre pour longs voyages, six cents dollars par mois plus prime, dépenses payées. Faire parvenir adresse, téléphone, année et modèle du véhicule, Boîte 244, *La Presse*.

C'était l'emploi idéal pour un jeune ferblantier de vingt-et-un ans au chômage. Jean-Claude possédait une Pontiac 57 qu'il avait achetée avec l'argent hérité de son père. Le salaire offert, qui équivallait à environ mille huit cent dollars d'aujourd'hui, était plus qu'attrayant pour quelqu'un qui adorait conduire. Perrault était un jeune homme malingre aux cheveux bruns et aux yeux endormis. Une fine moustache donnait à ce fils d'ouvrier né dans l'est de Montréal un petit air sophistiqué. Il souffrait d'une difformité à la poitrine, un sternum protubérant. C'était un étudiant en-dessous de la moyenne qui avait quitté l'école en huitième année.

Le soir du 23 janvier 1958, Jean-Claude soupait avec sa mère quand il lui annonça qu'il venait de se trouver un travail de courrier chargé de livrer des contrats à des raffineries de pétrole et à des mines d'uranium au Canada pour le gouvernement des États-Unis. Il ajouta qu'il devait travailler en dehors d'un bureau de l'Empire State Building à New York. Il avait rendez-vous le soir même dans un centre d'achats à Ville Jacques-Cartier, sur la rive sud, pour rencontrer son nouveau patron, un certain Monsieur Dennis.

La mère du jeune homme, Laurette, était sceptique. Elle ne voyait pas pourquoi son fils, qui savait à peine parler l'anglais et encore moins l'écrire, aurait été choisi pour un tel emploi. Mais elle ne dit rien, ne voulant pas éteindre l'enthousiasme de son fils ni compromettre une chance qu'il apporte à nouveau de l'argent à la maison. Elle lui fit promettre de l'appeler à frais virés chaque soir, la première semaine de son départ, et par la suite de lui écrire au moins une fois par semaine quand il serait sur la route.

Jean-Claude embrassa sa mère et partit pour son rendez-vous. Il se dépêcha et se glissa derrière le volant de sa Pontiac turquoise et blanc. Laurette Perrault suivit des yeux son fils qui manœuvrait pour sortir de son stationnement de la rue Drolet. Elle ne le revit jamais.

Comme tant d'autres femmes qui vivaient dans le monde clos de l'est de Montréal, Laurette Perrault rayonnait d'une chaleur toute simple et d'une croyance indéfectible en Dieu, dans les Canadiens de Montréal et dans sa famille. Madame Perrault était une femme de petite taille, casanière et sans instruction. Mère dévouée et efficace, elle avait élevé quatre enfants; son fils aîné, Roger, avait trente et un ans, sa fille aînée, Pauline Hurtibise, en avait vingt-six; tous deux étaient mariés et avaient des enfants mais ils restaient très proches de leur mère. Cette dernière vivait dans une modeste maison de briques à deux étages, située au 5145 rue Drolet, avec ses deux plus jeunes, Jean-Claude, qui était devenu le soutien de famille depuis la mort du père, survenue dans un accident de la circulation, plusieurs années auparavant, et la plus jeune fille, Micheline, qui avait seize ans et qui allait encore à l'école. Il ne fallait pas oublier une pensionnaire qui s'appelait Claire Roy et dont tout le monde pensait qu'elle serait un jour la femme de Jean-Claude.

Lorsque Jean-Claude ne l'appella pas le lendemain, une terrible prémonition envahit Laurette. De toute sa vie,

Jean-Claude n'avait jamais quitté la maison plus d'une fin de semaine. Laurette attendit deux jours. Aucun appel. Folle d'inquiétude, elle alla à la police déclarer que son fils Jean-Claude avait disparu. Au poste de police, elle fut accueillie avec indifférence par un agent. L'année précédente, presque mille personnes avaient été portées disparues à Montréal et elles étaient toutes réapparues tôt ou tard saines et sauves, à part une dizaine. Laurette attendit presque trois heures sur un banc de bois dans un couloir faiblement éclairé, avant qu'on la fasse entrer dans le bureau du lieutenant George Cookson.

Elle raconta ce qui était arrivé et le supplia de l'aider :

– J'ai attendu près du téléphone, malade de peur et d'inquiétude, et il n'a pas appelé. C'est le silence total ! Quelque chose est arrivé à Jean-Claude. Vous devez m'aider à le retrouver. »

– Quel âge a votre fils ? lui demande Cookson.

– Vingt-et-un ans. Il les a eus en juin dernier.

Le lieutenant hoche la tête. « Je suis désolé, nous ne pouvons rien faire. Votre fils est adulte. Si je me fie à ce que vous me dites au sujet d'un bon travail aux États-Unis, lui fit Cookson avec un sourire rassurant, vous savez bien que la police ne peut rien faire pour obliger un homme qui quitte la maison à écrire régulièrement à sa mère. » Il ajoute après un pause : « À moins bien sûr qu'un crime ait été commis. Mais il n'est pas question de ça ici. Alors on ne peut pas vous aider. »

La frustration de Laurette se transforma en colère.

« Je connais mon fils ! cria-t-elle, et à moins que quelque chose de terrible ne lui soit arrivé, il m'aurait contactée ! C'est votre travail d'aider les gens ! Vous DEVEZ m'aider ! dit-elle en pleurs.

Cookson se passe la main avec lassitude dans ses cheveux qui s'éclaircissaient et se leva pour reconduire la femme affolée à la porte de son bureau.

Après deux semaines, l'inquiétude des premiers jours avait fait place à une anxiété qui la rongeait. Elle décida que si la police ne l'aidait pas à trouver son fils, elle le chercherait toute seule.

Laurette commença par le seul indice qu'elle possédait, à savoir l'annonce de *La Presse* qu'elle avait trouvée dans la chambre de Jean-Claude, sur son bureau. Elle se dit que si seulement elle arrivait à trouver qui avait placé l'annonce, elle serait en mesure de retrouver M. Dennis et qu'il pourrait sans doute lui dire où se trouvait Jean-Claude.

La Presse ne se montra guère coopérative. Le chef de la section des annonces classées expliqua patiemment à Laurette qu'il lui était impossible de révéler au tout venant les noms des gens qui placent des annonces dans le journal. Il ajouta que si elle revenait accompagnée d'un policier et que ce dernier lui disait qu'il s'agit d'un cas officiel, il verrait ce qu'il pouvait faire.

Mais la police ne put pas l'aider.

Placer une annonce dans un journal ne constituait pas un crime, lui dit-on. Par conséquent, en l'absence de preuve qu'un crime avait été commis, il n'y avait rien à faire.

Laurette pouvait prier. Elle récitait son chapelet et allait à la messe tous les jours. Presque un mois jour pour jour après la disparition de Jean-Claude, Dieu répondit à ses prières. Il n'y avait qu'une chance sur un million qu'elle tombe sur un indice important et c'est ce qui se produisit.

Nous étions le dernier vendredi de février. La petite-amie de Jean-Claude, Claire Roy, était dans un taxi qui s'était arrêté à l'angle de Papineau et Jean-Talon. Elle jeta un coup d'œil dans le rétroviseur et reconnut une automobile familière : une Pontiac 57 turquoise et blanc. Elle lit la plaque minéralogique : Québec 60-444. C'était la voiture de Jean-Claude !

La voiture s'arrêta à côté du taxi de Claire, qui ouvrit d'un coup sec la portière avant de la Pontiac, côté passager.

« Est-ce que cette voiture n'appartient pas à Jean-Claude Perrault ? » demanda-t-elle d'un ton revendicateur.

Le conducteur, un homme dans la cinquantaine, tourna la tête. Il avait un visage au teint cireux criblé de marques de petite vérole, et pourtant une certaine distinction émanait de lui. Il portait une moustache brune poivre et sel, et derrière des lunettes à monture en corne, Claire vit un regard froid comme des éclats de métal. Bien que petit, le conducteur était musclé. Il avait des cheveux gras plaqués en arrière. L'homme ne répondit pas; il appuya sur l'accélérateur et réussit à passer au carrefour.

Claire remonta dans son taxi et cria au chauffeur de suivre la voiture de Jean-Claude. Elle roula rue Saint-Paul et se dirigea vers le Vieux-Montréal, dans le quartier des affaires, près de la cathédrale Notre-Dame. Rue Saint-Sulpice, la voiture entra dans un terrain de stationnement près de la banque et Claire fit le guet tandis que l'homme pénétra dans un immeuble voisin. Puis elle appela un policier qui faisait sa ronde, Jean-Claude Noël, et tous deux attendirent que l'étranger revienne. Dès qu'il arriva, l'agent Noël lui demanda ses papiers.

L'homme montra ses papiers. Il s'appelait Hector Dieudonné Poirier. Il ne semblait pas autrement inquiet : il sembla plus fâché qu'effrayé par l'intrusion. Poirier réprimanda Claire et quand le policier lui demanda de produire les papiers d'enregistrement de la Pontiac, il le fit volontiers. Noël était satisfait et s'apprêtait à laisser partir Poirier. Mais Claire insista pour qu'ils se rendent tous au poste pour faire une vérification plus complète de l'homme qui conduisait la voiture de son petit ami.

Comme elle le dit elle-même : « Nous décidâmes de téléphoner d'une banque. Le policier nous conduisit à la porte tournante. Poirier était derrière moi. Il poussa la porte et me fit trébucher sur l'agent. Puis il s'enfuit en courant. Nous le vîmes disparaître dans le stationnement et nous courûmes à sa poursuite. On le perdit de vue mais en me mettant à genoux et en regardant sous les voitures, j'aperçus ses pieds. Le policier tira un coup en l'air, Poirier sortit, une voiture de patrouille arriva sur les lieux et nous emmena au poste de police. »

Poirier, interrogé par le lieutenant Cookson, montra une facture pour l'achat de la voiture, gribouillée en anglais, datée du 27 janvier 1958 :

> Ceci est pour certifier que moi, Jean-Claude Perrault, ai donné l'autorisation à M. M.G. Dennis de livrer ma voiture et de signer en mon nom le transfert d'enregistrement de ma Pontiac que j'ai vendue à M. D.H. Poirier pour 1 000 $ et pour quatre peintures à l'huile et le reste du montant en souffrance sur la voiture plus la taxe de vente.
> Le papier est signé Jean-Claude Perrault.
> Où se trouve Jean-Claude à présent ?

Poirier n'en savait rien. Il commença à expliquer que lui, comme Perrault, avait rencontré un certain M. Dennis en lisant une annonce parue dans le journal *La Presse*. Dennis, disait-il, lui avait refusé un travail parce qu'il n'avait pas la voiture adéquate. « Cependant, quelques jours plus tard, Dennis m'a rappelé et je suis allé à Granby où il m'a présenté à Jean-Claude Perrault. Perrault était intéressé à vendre sa Pontiac parce que la compagnie de Dennis à New York lui en achèterait une autre. » À sa connaissance, Perrault lui avait vendu sa voiture et travaillait comme courrier pour M. Dennis quelque part aux États-Unis.

Alors pourquoi Poirier s'était-il enfui ?

Poirier, embarrassé, tenta de se dérober et rétorqua sur un ton défensif qu'il n'était pas arrêté et que par conséquent il n'était pas obligé de se rendre au commissariat. Il rougit. Il y avait aussi cette femme, cette maîtresse terrible avec laquelle il vivait. Une certaine dame LaRoche. Si elle venait à découvrir qu'il avait des ennuis avec la police, elle ne se montrerait pas très compréhensive. Mais il n'avait pas d'ennuis avec la police, n'est-ce pas ?

« Non, dit Cookson, il n'a pas d'ennuis avec la police. »

L'explication de Poirier était plausible. Cookson n'avait pas de motifs légaux de le retenir plus longtemps et il le laissa partir.

Poirier se tourna vers Claire Roy en souriant. « S'il vous plaît, ne me causez plus d'ennuis, sinon cela vous coûtera votre tête. » Il rit en agitant un doigt dans sa direction. La menace n'était pas bien dangereuse. Claire voulut ajouter quelque chose, quelque chose qui ne fut pas trop caustique mais elle s'entendit lâcher étourdiment : « Non, vous vous trompez monsieur. Vous vous trompez lourdement. C'est vous qui allez perdre votre tête. »

Poirier la regarda distraitement en s'éloignant.

« Oui, vous avez sans doute raison » fit-il en hochant la tête.

Et il s'en alla.

Tout ce que Claire Roy avait réussi à apprendre était qu'Hector Poirier vivait au 1207 Rue Saint-Thomas, de l'autre côté du fleuve, à Ville Jacques-Cartier, pas très loin du centre commercial où Jean-Claude devait avoir son rendez-vous avec M. Dennis.

Ce soir-là, comme la famille de Perrault se rassemblait autour de la table pour souper, six membres de la famille acceptèrent de se rendre en voiture à l'adresse de Poirier pour le confronter à nouveau. Après la tombée du jour, ils stationnèrent leur voiture sur le côté éloigné de la rue, en face du bungalow carré délabré. Assis dans l'auto, ils attendirent que la porte d'entrée s'ouvre, et que Poirier apparaisse. Après plus d'une heure d'attente, Laurette marcha vers la porte d'en avant, toute seule, et sonna. Elle aurait peut-être dû avoir peur, mais elle n'y pensa même pas. L'idée d'apprendre quelque chose, n'importe quoi, sur son fils était préférable à l'angoisse de l'incertitude.

La porte s'ouvrit et Laurette se retrouva devant un enfant misérable qui devait avoir dans les quatorze ans. Derrière l'enfant, dans le vestibule, il y avait neuf autres enfants blottis dans un coin.

« Mon père n'est pas à la maison, dit l'enfant; si vous venez voir mon père pour louer la maison, il n'est pas là. Vous ne pouvez pas le voir maintenant. »

Le jeune garçon s'apprêta à fermer la porte.

– Mais quand est-ce qu'il va rentrer ? demande Laurette. Il faut que je voie la maison.

– Ch'sais pas. Mais quand il viendra, nous lui dirons que vous êtes passée. Vous avez dit que vous vous appelez comment ? »

Laurette improvisa car elle ne voulait pas se trahir. « Mme Paquette. Dis-lui que Mme Paquette veut lui louer la maison. »

Laurette était trop surexcitée pour rentrer à Montréal, alors tout le monde décida d'aller arpenter les rues de Granby dans le cas où on trouverait un indice pouvant mener à cet insaisissable M. Dennis. Poirier n'avait-il pas déclaré que la dernière fois qu'il avait vu Jean-Claude, c'était avec M. Dennis, alors qu'ils se rendaient à Granby pour faire un travail secret ?

La patrouille ne donna rien. Éreintés par la tension de la soirée, ils repassèrent devant la maison de Poirier. D'après la conversation qu'elle avait eue avec l'enfant, Laurette présuma que Poirier avait l'intention de quitter la ville. Comme ils guettaient dans l'obscurité à l'extérieur de la maison de Poirier, la voisine de Poirier entra dans l'allée. Au moment où elle sortait de sa voiture de modèle familial, Laurette s'approcha d'elle. Elle lui expliqua qu'elle avait vendu une automobile à Poirier mais qu'il ne l'avait pas encore payée. Elle donna à la femme son numéro de téléphone et lui demanda une faveur. Si les Poirier donnaient un signe quelconque qu'ils vont déménager, est-ce qu'elle pourrait la prévenir ?

À sept heures le lendemain matin, le téléphone retentit chez Laurette Perrault. C'était la femme à laquelle elle avait parlé quelques heures auparavant et qui semblait toute remuée. « Vous feriez bien de venir tout de suite. Ils sont en train de faire leurs valises. Vous aviez raison. Ils partent sans vous payer votre voiture. »

Laurette réquisitionna son neveu, Normand, qui vivait de l'autre côté de la rue, pour qu'il la reconduise à Ville Jacques-Cartier. Ils firent le guet bien à l'abri, passé la maison de Poirier, et virent un homme et une femme qui transportaient des caisses et qui les chargèrent dans le coffre et sur le siège arrière de la Pontiac de Jean-Claude. Après une heure environ, le couple et un jeune garçon montèrent dans l'auto et s'en allèrent.

Normand les suivait sans difficulté quand soudain Poirier, qui s'aperçut qu'il était suivi, accéléra et tenta de semer la voiture de Normand. Les rues étaient glissantes à cause de la neige fondue. Les voitures glissèrent et dérapèrent aux feux rouges. Les gens qui extirpèrent leurs pieds de la boue du caniveau regardèrent les deux voitures s'engager dans une rue à sens unique. Les roues patinaient, les deux voitures fonçaient et se faufilaient dans la circulation qui venait en sens inverse, comme si elles étaient conduites par des chauffeurs ivres.

Poirier appuya brusquement sur les freins, mettant fin à la poursuite.

Sautant de derrière le volant, Poirier s'approche de Normand.

– Mais qui êtes-vous, bon Dieu ? Qu'est-ce qui se passe, là ? Pourquoi vous me suivez ?

– Montez, Monsieur, interrompt Laurette. Je suis la mère de Jean-Claude Perrault. Et je veux des réponses. Je veux savoir comment il se fait que vous conduisiez la voiture de mon fils. Je veux la vérité.

La force de sa déclaration était inquiétante et Poirier s'assit à côté d'elle sur le siège avant.

« Je vais être honnête avec vous », dit-il, et il répéta l'histoire qu'il avait racontée à Claire Roy et à la police.

– J'ai rencontré Jean-Claude avec son patron, un certain M. Dennis, qui dit que le jeune homme avait besoin d'une voiture plus solide pour son travail. Jean-Claude m'a alors proposé de me vendre sa voiture pour mille dollars. J'avais l'occasion d'acheter une bonne voiture bon marché, et je l'ai fait.

« Parlez-moi de ce Dennis, demande-t-elle, de quoi est-ce qu'il a l'air ? Où est-ce que je peux le trouver ? »

Il décrivit Dennis comme un homme grand, pesant dans les 90 kilos, aux cheveux noirs brillants. Un homme d'affaires dont le travail était secret : c'était la raison pour laquelle il ne savait pas où le trouver.

Laurette était en sueurs.

« Je me moque bien de la voiture, dit-elle, en se mettant à pleurer, gardez-la. Tout ce que je veux, c'est mon fils. Il faut que vous m'aidiez à le trouver. S'il vous plaît. Vous êtes la seule personne qui connaisse ce Dennis. »

Poirier chercha un stylo dans la poche de son manteau et prit en note le numéro de téléphone de Laurette. « Dès que j'apprends quelque chose, je vous appelle », promit-il.

Il y a quelque chose dans cette histoire qui frappa Laurette. Elle trouva que c'était trop poli, que ça coulait trop bien. Elle fixa Poirier. Cet homme à la sincérité calculée lui faisait penser à un avocat véreux ou à un entrepreneur de pompes funèbres beau parleur.

– Si vous dites vrai, pourquoi quittez-vous votre maison ?

La voix de Poirier fut acquiescente, vaincue :

– Je suis suspect quoi que je fasse, n'est-ce pas ? soupira-t-il. J'ai bien le droit de déménager, non ? Vous exagérez. Arrêtez-ca !

– Si vous me dites vraiment la vérité, ça ne vous dérange pas de me donner votre nouvelle adresse, pour que je sache où vous trouver en cas de besoin ?

– Je vais même faire mieux, dit-il d'une voix douce. Et il cria au jeune garçon assis dans la Pontiac : « Tizo ! Apporte-moi le bail de notre nouvelle maison ! »

Le garçon s'exécute et Poirier laissa Laurette examiner le document. L'adresse était le 17 Petite-Assomption à Repentigny, sur la rive nord de Montréal.

– Maintenant, est-ce que vous doutez encore de moi ? »

– Eh bien ! — elle a la nausée — vous m'aiderez à trouver mon fils ?

– Je vous téléphone demain.

Laurette le crut sur parole mais le lendemain, Poirier n'appela pas, pas plus que l'après-midi suivant. Elle demanda à un ami de la conduire à l'adresse de Repentigny. La maison était plus grande que celle de Ville Jacques-Cartier mais tout aussi minable. Poirier était sur la véranda en train de parler à plusieurs hommes et il la remarqua comme elle s'approchait.

« Mon Dieu! Vous ne pouvez pas me laissez tranquille ? » Il était exaspéré. « Laissez-moi tranquille ! Je suis en train de déménager, je suis sale et trop occupé pour chercher Dennis dans les rues. Dès que je saurai quelque chose, je vous téléphonerai. Promis. Maintenant, s'il vous plaît, partez et laissez-moi faire mon travail. »

Pendant une semaine, Laurette attendit, rivée au télé-phone.

Rien.

Une autre semaine passa.

Toujours rien.

Laurette en conclut que Poirier lui avait menti. Il n'avait aucune intention de l'appeler. Elle décida de rendre publique son histoire. Laurette choisit d'exposer Poirier dans un des nombreux tabloïds qui circulaient à l'époque, le journal très lu, *Nouvelles et Potins*, et trouva un journa-liste, Guy Lefebvre, qui était un dur à cuire et qui lui prêta une oreille sympathique. Il imprima sa version de l'histoi-re le 13 mars 1958. Poirier en entendit vite parler. Environ deux jours après la publication de l'article, le fils de Laurette, Roger, reçut un appel de Poirier. Ce dernier disait avoir des renseignements sur Dennis et voulait que Roger le rencontre le long d'une route abandonnée, tout près de Repentigny : « Venez seul et traversez en voiture le petit pont de bois à Terrebonne, pas le grand pont de Charlemagne. »

Roger accepta et prit avec lui trois des hommes les plus costauds qui travaillaient avec lui. Poirier n'était pas au rendez-vous et les hommes décidèrent de se rendre à son domicile. Poirier dit à Roger de ne pas s'inquiéter et ajouta qu'il était allé au poste de police proposer son aide pour rechercher Jean-Claude. Il ajouta qu'en l'espace de quelques jours il y aurait une lettre ou un appel du garçon disparu.

Le 24 mars 1958, une lettre qui portait le cachet de Baltimore, dans le Maryland, atterrit sur le bureau de Guy Lefebvre au journal *Nouvelles et Potins* :

Lettre à la rédaction.

Nous savons que vous avez écrit un article dans votre papier à scandales au sujet de Dennis et de Perrault. Vous êtes allés trop loin mais nous pouvons aller aussi loin que vous le suggérerez dans votre journal, si cela fait mal à votre organisation. Quant à Perrault, il est satisfait et bien payé. Si Dennis lui a fait vendre son automobile pour en avoir une meilleure que celle qu'il possède en ce moment, c'est son affaire, pas la vôtre. Est-ce que c'est clair ?

Nous pouvons obtenir des automobiles par dizaines et pour ce qui est du vieux récidiviste qui a acheté sa voiture, il devient foutrement curieux. On l'a vu au bureau des fédéraux. Dites-lui que nous connaissons toutes ses allées et venues et même où il vit et que nous l'avons à l'œil depuis un certain temps déjà et que nous savons qu'il veut trouver Dennis pour les flics. Vous feriez mieux de lui dire de se préparer et de se mêler de ses affaires, sinon il va boire la tasse. (On ne s'ennuiera pas beaucoup de ce vieux récidiviste). Pour ce qui est de Perreault, il savait dans quoi il s'engageait quand il est venu. On a joué cartes sur table, et tant qu'il fait ce qu'on lui dit, il est OK.

Dites à votre journaliste qu'il a presque frappé juste, mais pas tout à fait.

C'est signé : « Les gars à l'autre bout ».

Laurette n'était pas détective mais après avoir lu la lettre, elle soupçonna que d'une certaine façon, Poirier en savait plus qu'il ne le disait. Dennis et lui, conclut-elle, étaient associés. Sinon comment quelqu'un de Baltimore aurait-il connu les détails de ce qui était imprimé dans un tabloïd français de Montréal ? Ce qu'elle n'arrivait pas à comprendre, c'était pourquoi ces deux hommes avaient enlevé son fils. Il était impossible de croire que Jean-Claude était satisfait. Sinon, il aurait donné des nouvelles. Elle ne voyait pas quel rôle Poirier jouait dans cette affaire.

C'est son gendre, Marcel, le mari de Pauline, qui le découvrit. Cela aussi fut dû au hasard. Marcel se trouvait dans un lave-auto où il engagea la conversation avec un des pompistes, Yves Bacon. Ce dernier avait lu l'article paru dans *Nouvelles et Potins*. Il se trouvait que lui aussi avait répondu à la même annonce parue dans *La Presse* et il avait rencontré M. Dennis.

– Vous avez rencontré Dennis ? Vous l'avez vu en personne ? demande Marcel qui avait du mal à contenir sa surprise. Un homme corpulent, qui mesure plus d'un mètre quatre-vingt, avec des cheveux noirs brillants ?

– Naaaan, vous êtes fou ! Qu'est-ce que vous racontez ! lui fait Bacon en riant. Dennis est un type petit qui fait au maximum un mètre soixante, qui a une moustache en brosse; il porte des lunettes avec une monture en corne et il a des cheveux grisonnants.

Dennis-Poirier ! Marcel vient de comprendre que Dennis et Poirier sont une seule et même personne !

En entendant la nouvelle, Laurette fut découragée. Cela signifiait qu'il n'y avait pas de M. Dennis. Cela voulait dire qu'il n'y avait pas de travail secret à l'Empire State Building. Rien. À présent qu'elle savait que Poirier était en fait Dennis, la question qui la hantait reste toujours sans réponse.

Où était Jean-Claude ?

La réponse arriva un dimanche matin ensoleillé de mars qui apportait la première lueur chaude du printemps. Léon Decarie, un menuisier qui vivait à Papineauville, rentrait chez lui à pieds d'une cabane à sucre qui se trouvait au bord de la forêt d'érables, près de la montée Saint-Charles, à l'ouest de Montréal. Près d'un amoncellement de neige en train de fondre, il aperçut ce qu'il crut être la carcasse d'un animal. Il la retourna du pied et se rendit compte qu'il ne s'agissait pas d'un animal mais du cadavre d'un homme dont la tête et les bras avaient été coupés à la hache.

Laurette apprit la nouvelle à la radio l'après-midi. L'annonceur se demandait s'il ne s'agissait pas d'un ex-champion de boxe porté disparu depuis presque une année. Laurette savait instinctivement que c'était faux. Elle ne versa pas de larmes, pas à ce moment-là; elle ressentit

QUÉBEC 121

seulement une sensation de vide et de tristesse, et une profonde fatigue l'envahit.

Laurette se rendit à la morgue de Montebello pour identifier le corps, mais les policiers mirent en doute sa certitude. Comment pouvait-elle être si sûre, lui demandèrent-ils, alors que la tête et les bras manquaient ?

Elle sentit à nouveau la colère monter en elle mais l'expérience lui avait appris qu'il est inutile de crier avec des policiers. Elle leur expliqua calmement qu'elle savait que le corps qui se trouvait sous la feuille de plastique blanc était bien celui de son fils. Elle le savait par la taille de sa poitrine difforme, elle le savait par les poils qu'il avait aux jambes.

– Vous avez une autre raison ? lui demandèrent-ils.

– Écoutez-le ! répliqua-t-elle violemment. Personne mieux que moi ne peut dire qu'il s'agit de mon fils. C'est mon enfant. ET J'AI TROUVÉ QUI L'A TUÉ !

Les policiers ne pouvaient pas l'ignorer plus longtemps. Ils la ramenèrent au poste de police, où Laurette parcourut des photos d'identité judiciaire jusqu'à ce qu'elle tombe sur celle de Poirier.

Sauf que ce n'était pas Poirier.

Hector Dieudonné Poirier était un faux nom. Son casier judiciaire révélait qu'il était né à Trois-Rivières le 23 février 1907 et que son nom de baptême était Henri Hector Légault.

Légault avait d'abord fait des études pour devenir prêtre, mais son dossier indiquait qu'il avait quitté le séminaire en 1927 à l'âge de dix-neuf ans. Il avait été arrêté au nord de l'état de New York pour avoir tenté de vendre à un antiquaire de la marchandise volée quelques heures auparavant dans une boutique voisine. Légault avait écopé de deux ans de prison puis avait été déporté au Canada. En 1929, il avait volé une Packard décapotable dans un petit village de Yamachiche. Il n'y avait pas beaucoup de

Packard décapotables dans la région. Il avait été pris et renvoyé en prison pour deux autres années. À partir de cette époque, il n'avait pas cessé d'entrer et de sortir de prison avec une monotonie déconcertante. Parfois, une seule journée séparait sa libération d'une nouvelle incarcération.

Légault avait emprunté le nom de Dieudonné Poirier dans les années 1930, alors qu'il était devenu un habitué de la vie carcérale. C'est en prison qu'il avait appris à parler cinq langues, l'anglais, l'espagnol, le russe, le grec et l'italien, et la police avait fait souvent appel officieusement à ses talents de traducteur.

C'est au cours d'une émeute qui avait éclaté en novembre 1932 au pénitentier de Saint-Vincent-de-Paul que Poirier avait risqué sa vie pour sauver sept prisonniers d'une aile de la prison en feu et qu'on l'avait décoré pour son héroïsme.

À trente-cinq ans, Poirier avait fait un semblant d'effort pour se réformer. Il avait épousé Claire Frappier et travaillait comme vendeur. Mais quelques semaines avant la naissance de son deuxième fils, en 1946, on le renvoya en prison pour dix ans, pour vol à main armée. Au début des années 1950, sa femme fut accusée de bigamie pour s'être remariée pendant que Poirier était en prison et lorsqu'il fut finalement libéré, en août 1955, il emménagea avec une veuve, mère de dix enfants, une dénommée Eddie LaRoche. En 1956, il fut à nouveau accusé d'avoir poussé un mineur à la délinquance. Il fut condamné à deux ans de prison.

Le 4 janvier 1958, trois semaines avant la disparition de Jean-Claude Perrault, Poirier avait été libéré sur parole.

Le matin du 1er avril 1958 resta une date mémorable dans la maison de Perrault : ce fut le moment où il fut prouvé que la famille avait raison. Le Lieutenant Cookson téléphona pour annoncer la nouvelle que Hector Poirier

venait d'être arrêté sur le Pont Charlemagne pour le
meurtre de Jean-Claude Perrault. La police avait également arrêté la maîtresse de Poirier mais la relâcha lorsque
Poirier passa aux aveux.

Poirier dactylographia lui-même les dix pages de ses
aveux.

« Dans un moment de sottise, commence-t-il, j'ai eu
l'idée que je pouvais gagner mille dollars en mettant une
petite annonce dans *La Presse*.

> J'ai reçu beaucoup de réponses et j'ai choisi les candidats
> qui étaient les plus illettrés. Le plan consistait à dire à chacun
> qu'il devrait me donner au moins deux cents dollars avant
> que je leur donne l'adresse de leur employeur à New York et
> que l'argent leur serait remboursé lorsqu'ils enverraient leur
> première note de frais.
>
> Je calculais que j'aurais cinq personnes qui accepteraient
> le travail et je leur dis à tous de se rendre au centre commer-
> cial de Ville Jacques-Cartier, à une heure d'intervalle les uns
> des autres. J'avais pris deux cachets de Nembutal et deux
> cachets de Benzedrine pour me donner le courage de voler ces
> cinq hommes, l'un après l'autre, comme j'en avais l'intention
> étant donné que dans chaque cas, j'étais assuré d'empocher au
> moins deux cent dollars, ce qui en tout me ferait au moins
> mille dollars, assez pour faire un premier versement sur une
> bonne voiture d'occasion.
>
> Perrault fut le premier à se faire voler. Il arriva à l'heure
> au rendez-vous. Je m'assis dans la voiture avec lui et il me dit
> vouloir appeler sa mère. Je lui dis de ne pas s'en faire. J'étais
> très énervé lorsqu'il sortit du centre d'achats parce que je
> savais que je devrais le frapper fort pour l'assommer, prendre
> son argent, revenir au centre d'achats et le laisser sans
> connaissance dans sa voiture jusqu'à ce que je rencontre la
> deuxième personne au centre pour la même raison. Une fois
> venu le moment de le frapper, j'ai eu une sensation très étran-
> ge et j'ai failli lui dire d'arrêter la voiture et de me laisser sor-
> tir.

Puis, dans ce que Poirier décrivit comme « un moment
d'impulsion incontrôlable, de vide étrange », il frappa

Jean-Claude sur le côté du visage. Le coup initial était si fort qu'il tordit une bague qu'il portait et que la monture déchira le gant de cuir.

« Le sang coulait, c'était terrible », écrit-il, et il tenta d'arrêter l'hémorragie en nouant un foulard autour de la blessure. « Mais le sang continuait à gicler. » Poirier sentit alors quelque chose de collant à l'arrière de son pantalon. Le pan de son manteau était imbibé de sang. Il regarda Perreault et le garçon ne semblait pas respirer. « J'étais sûr qu'il était mort. Je ne voulais pas le tuer, je voulais juste le voler. »

C'est possible. Mais rien ne peut expliquer pourquoi il avait agi comme cela.

Il mit le corps dans le coffre de la voiture, mais en démarrant, il s'aperçut que le coffre s'était ouvert. Il l'attacha avec de la ficelle et rentra chez lui. Il utilisa le cordon d'un fer électrique pour maintenir la porte du coffre fermée. Il roula ainsi sans but de Montréal à Hull, en longeant la rive nord de l'Outaouais. Après avoir conduit presque vingt-quatre heures il lui vint « l'idée folle de le couper en morceaux ». Il s'arrêta à Hull, où il acheta une hache et deux sacs de jute et se dirigea vers le *Seigneury Club* de Montebello. Là, près d'une route solitaire, il déshabilla le cadavre et coupa la tête et les mains à la hache. Au moment où il s'apprêtait à couper les jambes, une lumière s'alluma à la fenêtre d'une maison voisine. Il poussa alors rapidement le corps dans un banc de neige et l'enterra. Puis il débita les mains en petits morceaux, cassa la tête en deux et enroula le tout dans les sacs en toile de jute qu'il chargea dans le coffre.

Il retourna à Montréal en prenant la rive sud, en passant par Ottawa, et ne s'arrêta qu'à Orléans, où il fouilla le jeans trempé de sang de Perrault et y trouva cinquante-deux dollars en liquide et les papiers d'enregistrement de la voiture.

Ce soir-là, de retour chez lui, il dit qu'il avait fait un « gros feu dans la fournaise au charbon et que morceau par morceau, il avait brûlé les mains et la tête jusqu'à ce qu'il ne reste plus que des cendres. »

Le procès de Poirier commença devant le juge Wilfrid Lazure dans le vieux Palais de Justice de Montréal, le 17 novembre 1958, et dura quatre jours. La Couronne présenta quarante-trois témoins dans une salle d'audience silencieuse à l'extrême. Fernand Beauvais dit qu'il était allé avec Poirier à Baltimore et admit qu'il avait écrit et posté la lettre au journal *Nouvelles et Potins*.

Roland Guimon, mécanicien de garage de dix-huit ans, reconnut qu'il avait imité la signature de Perrault sur le coupon de vente de la Pontiac.

La maîtresse de Poirier, Mme Eddie LaRoche, témoigna aussi. Elle se souvint d'une soirée de janvier où Poirier était rentré chez lui dans des vêtements imbibés de sang. Poirier, dit-elle, lui avait dit qu'il avait « frappé un type pour avoir une voiture » et qu'il avait conduit le type à Toronto.

Le témoignage le plus préjudiciable vint de son fils de quatorze ans, Serge, qui déclara à la cour qu'il avait aidé Poirier à laver les taches de sang dans la Pontiac. « Une fois, dit-il, il est allé en voiture avec son beau-père à La Prairie et, pendant le voyage, Poirier a jeté quelque chose du pont Mercier dans le fleuve. » C'était une boîte en carton dans un sac. Serge ne savait pas exactement ce qu'il y avait dans la boîte, mais il avait légèrement touché le contenu et eu l'impression qu'il contenait « quelque chose qui ressemblait à une tête humaine ».

Il n'y avait pas de témoins pour la défense.

Les avocats de Poirier, Alexandre Chevalier et Jacques Bédard avancèrent que le meurtre n'était pas prémédité et que Poirier devait être trouvé coupable d'homicide involontaire parce qu'il avait seulement eu le dessein de voler Jean-Claude Perrault, non de le tuer.

S'il n'avait pas décapité le cadavre, le jury aurait pu se laisser convaincre. Mais dans ce contexte, les jurés délibèrent moins d'une demi-heure et prononcèrent Poirier coupable de meurtre.

L'accusé écouta le verdict avec calme. « Vous savez, je ne me rappelle pas avoir commis un crime pour lequel je n'aie pas été arrêté et condamné », dit-il à ses avocats, et maintenant je suis préparé à mourir et à mettre un terme à ma vie de misère. »

Plus tard il changea d'avis et envoya une pétition au Cabinet fédéral, lui demandant sa clémence. Il dit mériter d'être épargné parce qu'une fois dans sa vie il avait sauvé la vie de sept hommes qui, sans lui, seraient morts brûlés. Sa lettre fut la seule du dossier qui demandait une commutation de peine.

Le Solliciteur général envoya un psychiatre, le Dr René Huard, examiner Poirier, et Huard conclut que Poirier n'était pas fou, qu'il ne souffrait ni de delirium ni d'un début de psychose. Poirier exprima le sentiment d'être mal compris et d'être injustement traité par la société. Huard conclut : « Poirier a un sens moral atrophié et, selon lui, la gravité de sa punition a toujours été disproportionnée par rapport aux actes répréhensibles qu'il a commis. »

Poirier croyait avoir l'honneur douteux d'être le dernier homme à être pendu au Canada. C'est du moins ce que la Gazette de Montréal écrivit dans son édition du 26 février 1959 : « La pendaison de ce soir pourrait être la dernière au Canada. » Mais même ce petit élément de notoriété lui fut refusé.

Il fut pendu le 27 février, aux petites heures, dans la prison de Montréal.

Laurette Perrault était éveillée au moment de l'exécution. Mais c'est après trois heures du matin seulement qu'elle entendit l'annonceur de la radio dire : « Hector Dieudonné Poirier a été pendu la nuit dernière... »

Elle éteignit la radio et se mit au lit.

Pour la première fois depuis que son fils avait disparu, plus d'un an auparavant, elle tomba dans un profond sommeil.

CHAPITRE 8

Colombie-Britannique

Leo Anthony Mantha

Au cours de l'été 1958, Leo et Bud étaient amants à Victoria, en Colombie-Britannique. Du moins c'est ce que Leo croyait.

Les deux hommes s'étaient rencontrés à la fin du mois de juin. Leo, qui venait juste d'avoir trente ans, était un bel homme costaud, aux yeux de biche, marin dans la marine marchande. Bud, qui avait dix ans de moins, était trésorier à la base navale de HMCS *Naden*. Bud était presque beau, mais avec ses quatre-vingt-quinze kilos, il était légèrement rondelet et le poids lui donnait une sorte de mollesse déconcertante. Bud n'était pas heureux dans l'armée canadienne. Il songeait à prendre des hormones pour libérer la femme qu'il croyait prisonnière de son corps. Et comme si cela n'était pas suffisant, les deux hommes avaient reçu une éducation très religieuse. Leo était catholique, Bud anglican. Tous deux buvaient beaucoup pour étouffer leur culpabilité.

Le 6 septembre 1958, peu de temps avant minuit, le matelot de deuxième classe Ronald Cooke, qui avait beaucoup bu la veille, fut tiré de son sommeil dans la cabine 150 du bloc Nelles du HMCS *Naden* par un cri angoissé : « Au secours ! Mon Dieu, aidez-moi ! »

Cooke alluma d'un coup sa lampe de lit au-dessus de sa tête. Ce qu'il vit, dans la faible lueur, c'était Bud, son compagnon de cabine, trébuchant sur les couvertures imbibées de sang de l'autre lit. L'œil droit de Bud était aveuglé par le sang qui ruisselait d'une entaille sur son front. Sa main était refermée dans un geste presque délicat autour d'une blessure béante à la nuque. Bud s'effondra sur le pont, près de la porte qui menait à la cabine.

Ses cris aigus avaient alarmé les sentinelles qui se précipitèrent à toute vitesse sur les passerelles à l'endroit où Bud se trouvait, sur le pont. Ils se pressèrent autour de lui et s'agenouillèrent au-dessus du corps pour vérifier s'il respirait encore. Un marin tourna la tête de l'homme mourant sans déplacer le reste du corps. Il n'y avait ni pouls ni respiration.

À part les hommes qui s'étaient groupés autour du cadavre, les couloirs des quartiers étaient déserts. Non loin du corps se trouvait un couteau ensanglanté, dont la lame mesurait vingt-cinq centimètres. Les fenêtres de la pièce étaient fermées à clé. Les sentinelles ne voyaient aucun étranger parmi les militaires qui regagnaient leurs quartiers cette nuit-là. Il était inconcevable que quelqu'un ait pu pénétrer sur les lieux en déjouant la sécurité navale. Bud fut transporté à l'infirmerie. L'examen révéla que le coup porté avec la lame lui avait sectionné l'œil et une blessure de plus de 18 centimètres lui avait ouvert le cou.

Le médecin du bord conclut à un suicide.

Bud avait déjà connu des problèmes psychiatriques et, au départ, l'hypothèse du suicide était partagée par deux détectives de Victoria appelés pour enquêter sur le décès. Les détectives John Deans Blackstock et Norman Wall Bath arrivèrent sur les lieux et procédèrent à un examen superficiel du casier de Bud. Un calendrier de femmes nues était collé sur la porte. À l'intérieur, parmi ses effets personnels, ils trouvèrent plusieurs livres religieux, un journal, une paire de boucles d'oreilles et deux ou trois cartes postales adressées à « Mon cher Budzie-Wussie » et signées « Affectueux baisers, Leo. »

Il ne fallut pas longtemps aux détectives pour découvrir que « Leo » était un dénommé Leo Anthony Mantha, officier de la Marine royale canadienne. Trois jours plus tôt, Mantha avait emménagé dans un appartement loué par le cousin de Bud, Donald Perry. À l'aube, les policiers se rendirent à l'adresse du 451 Superior Street, dans le quartier de James Bay de Victoria, pour voir si Mantha pourrait apporter quelque lumière qui expliquerait que son ami ait voulu s'ôter la vie.

Ils trouvèrent Leo dans le salon, pâle et non rasé, à demi vêtu, assis sur un divan transformé en lit.

C'est Blackstock qui annonça la mort de Bud à Leo.

– Vous êtes certain qu'il est mort ? Je n'arrive pas à y croire.

– Il est mort, répond Blackstock; nous ne plaisantons pas à propos de questions aussi graves que celle-ci. Il est mort.

– Je le connaissais, soupira Mantha, après une pause, et en jetant un coup d'œil égaré.

– Lui et moi nous nous sommes bagarrés hier soir. Nous nous sommes battus et il est parti.

– Est-ce que c'était une bagarre à mains nues, ou est-ce que vous vous êtes servi d'une arme ? »

– C'était une bagarre à mains nues à ce moment-là.

L'ambiguïté de la réponse n'échappa pas à Blackstock.

– Qu'est-ce que vous entendez par *à ce moment-là* ? »

Mantha se mit à pleurer.

– Autant tout vous dire et en finir. Je suis allé sur le Naden et c'est moi qui l'ai fait.

– Fait quoi ?

– Je l'ai poignardé. Ce fut le premier des trois aveux de Mantha.

– Bud dormait, dit-il; je suis resté près de son lit quelques minutes et je l'ai poignardé. Vous avez dû trouver l'arme, je l'ai laissée là-bas. Il s'est mis à crier et je l'ai poignardé plusieurs fois. Je ne voulais pas que ça soit grave mais vous dites que je l'ai tué.

– Pourquoi vous êtes-vous querellés ? demande Bath.

– Pour des questions personnelles, répond Mantha d'une voix presque inaudible.

L'écrivain Jean Genet dit que l'idée de luxure est un corollaire obligé de l'idée de mer et de meurtre. Que les hommes qui portent l'uniforme de marin ne sont pas nécessairement tenus de respecter les règles de la prudence, que leur uniforme agit comme un déguisement qui leur permet de se déplacer et d'agir comme s'ils faisaient partie d'un mirage fragmentaire, en dissimulant leur vraie nature. Dans le cas de Leo et de Bud, une fois les uniformes tombés, tout ce qui restait c'était des images miroir de deux hommes qui se touchaient pour se consoler du chaos moral qui était le leur.

La première couche du vernis était arrachée. On put lire, dans le rapport initial classé par la police :

> Au cours du mois de juin ou juillet 1958, Leo Anthony Mantha a rencontré un certain Aaron Hetherington Jenkins, âgé de vingt-trois ans, dans la Marine royale du Canada — un anglican efféminé, tous deux étant homosexuels. Ils ont aussi utilisé un appartement loué par un certain Donald Perry, (cousin de Aaron H. Jenkins) (Aussi homosexuel) situé au 451 Superior Street, à Victoria.

La grammaire n'était pas le point fort des rapports de police; si les faits étaient relativement justes, ils étaient loin de révéler la vérité, toute la vérité, rien que la vérité.

Aaron « Bud » Jenkins avait trois soeurs et deux frères, et il était le plus jeune. Il était né alors que sa mère était déjà vieillissante, à Coles Valley en Nouvelle-Écosse, le 14 juillet 1935. Sa mère se prénomait Sarah; son père âgé, qui s'appelait aussi Aaron, possédait une petite ferme près de Codys, au Nouveau-Brunswick, où le garçon avait grandi.

Les parents se souvenaient de Bud comme d'un solitaire sensible, un enfant qui se rongeait beaucoup les ongles. Les autres, moins charitables, disaient que c'était une tapette. Il fut élevé dans une société rurale maritime qui n'était pas préparée à accepter les extrêmes troublants de l'individualisme. Et Bud était différent.

Son grand-père était un pasteur baptiste distingué, très strict; sa famille était composée de loyaux anglicans. Son frère aîné, Robert, était agent de police à Moncton, son autre frère, Donald, était dans la marine. Bud était aux antipodes de ces occupations viriles. Il préférait papoter avec ses sœurs, à propos des chanteurs et des vedettes de cinéma ou de la mode qu'il voyait dans les catalogues. Il était premier à l'école du dimanche et obtint son diplôme au secondaire avec des notes au-dessus de la moyenne. Son premier travail fut employé de banque à Sussex et il reçut bientôt un avancement à Saint John où il occupa un poste semblable. C'est là que Bud devait confier plus tard à un psychiatre qu'il avait été séduit par un homme plus vieux. Il trouva l'expérience à la fois intrigante et repoussante. Croulant sous la culpabilité, il commença à sortir avec une fille, Lorraine, et fit du bénévolat pour l'église anglicane.

Bud Jenkins comptait faire l'école normale mais il fut assailli de doutes croissants sur sa masculinité et décida de s'engager dans la marine pour prouver qu'il était un homme. En juillet 1956, il s'engagea à bord du HMCS *New Brunswicker*.

La raison pour laquelle Jenkins fut accepté dans la marine demeure un mystère. Son dossier militaire, classé par le département de la Défense nationale à Ottawa, révèle que dans le mois qui suivit son engagement, ses supérieurs l'évaluèrent comme « une recrue médiocre ». Dans un rapport rédigé à la fin du mois d'août, on le décrivait comme « très efféminé et émotionnellement instable, totalement inapte pour le service. Il est intelligent et vraisemblablement compétent, mais je me demande si les hommes voudraient de lui dans les parages. »

Pour se débarrasser du problème, les officiers du *New Brunswicker* transférèrent rapidement Jenkins à bord d'un autre navire, le HMCS *Hochelaga*. Bien que malheureux dans la marine, Bud reconnut avoir signé pour cinq ans. Son sens du devoir lui dictait d'honorer son contrat.

Il était en permission à Boston après son vingtième anniversaire lorsque Bud découvrit l'extrême vérité de la chanson « Tout le monde aime un marin ». Tout ce qui lui restait à faire pour que les hommes lui fassent des avances était de porter son uniforme. Il s'abandonna à des rencontres homosexuelles anonymes. Mais lorsqu'il rejoignit son navire, ses démons commencèrent à le hanter. Il avait des difficultés à contenir son homosexualité et, là encore, il devait soit réprimer ses sentiments, soit jurer que plus jamais il ne déshonorerait son Dieu ou son uniforme.

Dans les dossiers de la marine, on peut lire qu'en 1957, soit un an avant qu'il ne soit assassiné, Bud voyait sa vie se détériorer. Il commença à porter des vêtements de femme et à envisager la possibilité d'avoir une opération pour changer de sexe. Tendu, angoissé et déprimé, il fut transféré du service actif au *Naden*, de la Marine royale canadienne, à Esquimalt, en Colombie-Britannique, où il travailla à la trésorerie.

Une fois à la base, Bud consulta un neuropsychiatre de la marine, le Dr Douglas Alcorn. Bud lui confia son comportement sexuel fou et la répugnance que lui inspirait sa compulsion. Il reconnut être facilement excité par la présence des hommes de la base et dit à Alcorn qu'il avait amplement l'occasion de se livrer à la fellation un jour sur deux.

Avec une logique particulière que seul le Dr. Alcorn est sans doute en mesure d'expliquer, il diagnostiqua Jenkins comme « homosexuel de type féminin », mais il conclut, dans le même rapport, que les autres marins avec qui il avait eu des rapports sexuels étaient « simplement des individus qui avaient des goûts assez normaux mais qui avaient envie de faire des expériences ».

Jenkins était horrifié à l'idée de pouvoir être arrêté. Dans les années cinquante, l'homosexualité était encore considérée comme un crime au Canada. Selon la loi, il était passible de la cour martiale, encourait le fouet et dix ans de prison, même si de telles peines étaient rarement appliquées.

Pour des raisons évidentes, il existe peu de renseignements relatifs à l'ampleur des déviances sexuelles dans l'armée. Les rapports officiels existants indiquent que la marine canadienne rejetterait environ un pour cent de ses bénévoles et qu'un pourcentage encore inférieur serait réformé pour cause de pratiques homosexuelles. Cependant, l'étude Kinsey sur la sexualité des forces armées des États-Unis pendant la Deuxième Guerre mondiale révèle qu'un militaire sur dix est exclusivement homosexuel, que trois sur dix reconnaissent être bisexuels ou qu'au moins à une occasion, ils ont eu une expérience homosexuelle. Kinsey conclut qu'en théorie presque quarante pour cent de tous les militaires pourraient avoir connu une expérience homosexuelle au moins une fois, entre l'âge de dix-huit et soixante-cinq ans.

En se basant sur cette conclusion, il n'y a pas de raison de croire qu'un tel comportement soit plus ou moins fréquent dans la marine canadienne. En pratique, les autorités de la marine canadienne ne semblaient prendre des mesures énergiques contre les déviants que lorsqu'elles possédaient de bonnes preuves que l'offense avait été commise en uniforme ou si le comportement était tellement flagrant qu'il constituait une menace pour la discipline à bord. Officieusement, la politique était de transférer les déviants au service de la paye. C'était une façon de se débarrasser d'eux tout en les laissant continuer à servir dans la marine. Même après avoir reçu le rapport du Dr Alcorn, la marine permit à Bud Jenkin de rester dans ce corps militaire. Le psychiatre recommanda pourtant un renvoi à la vie civile, pour des raisons administratives, et avertit que « s'il restait plus longtemps en service, il est pratiquement certain que Jenkins éprouverait de graves difficultés. »

L'officier Leo Anthony Mantha, quant à lui, fut bel et bien renvoyé pour indiscrétion sexuelle. En avril 1956, après huit ans de service, il fut congédié, selon l'article de la loi du service naval conçu pour « promouvoir l'économie et l'efficacité. » Cette même année, il déménagea à Victoria et travailla comme ingénieur pour la Island Tugging Company.

Mantha était né le 22 décembre 1926 à Verdun, une banlieue montréalaise de cols bleus, située en bordure du fleuve. Comme Bud, il fut élevé par des parents âgés et avait trois sœurs aînées, Evelyn, Edith et Mae. Les membres de la famille de Leo étaient d'aussi fervents catholiques que ne l'étaient ceux de la famille de Jenkins, côté anglican. Leo était un solitaire tendre et affectueux qui parlait rarement de lui ou de son milieu d'origine. Plus tard, lorsqu'il eut des ennuis et qu'il dut parler de son enfance, ce qui ressortait le plus était qu'après l'âge de douze ans, il détestait ça. Les vingt années suivantes, il fuyait la vraie raison de son traumatisme. Au lieu de faire face, il disait des choses comme « Evelyn est couturière et tous ses clients, hommes et femmes, viennent faire leurs essayages et l'embêtent. C'est pour ça que plus tard, je ne me suis pas intéressé aux femmes. » Il y avait à cela d'autres raisons, plus crédibles, mais il les gardait pour lui. Cette capacité à juguler sa colère, qu'il considérait comme un trait de personnalité masculin, devait contribuer à causer sa perte.

Leo était un enfant de chœur amoureux du rituel de la messe. Quotidiennement, il répondait au *Et introibo ad altare Dei* (Je viendrai devant l'Autel de Dieu) par un *Ad Deum qui laetificat juventutem meam* (Près du Dieu, joie de ma jeunesse). Il voulait y croire de toutes ses forces mais la joie était tristement absente de sa propre jeunesse.

Il termina sa huitième année à Saint-Wilbroad, puis quitta l'école à quinze ans pour aller travailler sur les chantiers du Canadien National à Pointe Saint-Charles, pour aider sa famille. Il eut sa première aventure sexuelle l'année suivante :

> Je suis tombé amoureux d'un type qui fréquentait un gang à la maison. À cette époque-là, il allait au collège et moi je travaillais. Et bien, il m'a fait des avances dans le parc. Je me suis tenu avec lui quatre ou cinq mois. C'était un beau garçon. Sa mère était morte, son père travaillait, alors c'est nous qui dirigions la maison. Mais il n'est pas resté longtemps chez lui. Il est entré au séminaire. Il s'est fait prêtre.

Cela mit fin au premier béguin homosexuel de Leo. Désillusionné, il s'engagea dans la marine comme chauffeur entre Halifax et Terre-Neuve jusqu'à la fin de la Deuxième Guerre mondiale. Lorsqu'il était en mer, son intérêt pour les hommes était sublimé. Bien qu'il ait traversé les océans, son vrai voyage était intérieur. Il ruminait sur l'hypocrisie de la foi qui condamnait les homosexuels aux flammes de l'enfer, mais qui accueillait en son sein celui-là même qui lui avait fait connaître l'homosexualité. Il aimait être en mer et aurait préféré demeurer dans la marine après la fin de la guerre, mais il se sentit obligé de retourner à Verdun pour aider sa sœur Mae à prendre soin de ses parents.

En 1951, la mère de Leo mourut d'un cancer. La guerre de Corée faisait rage et Leo voulut échapper à sa famille. Il s'engagea encore dans la marine et fut envoyé sur le HMCS *Haida*. Il avait vingt et un ans. À l'époque, il reconnaissait : « Je suis assez intéressé à faire des rencontres homosexuelles : aux États-Unis et dans les ports étrangers, je recherche les bars homosexuels pour me soûler et baiser. » Mais ce mode de vie le laissait insatisfait. Il avait honte et son éducation catholique contribua à développer en lui une profonde culpabilité. Il commença à boire pour oublier, mais l'alcool ne faisait qu'enflammer la passion qu'il tentait de noyer. Il essaya une quantité de femmes mais ses tentatives d'avoir des rapports sexuels ne furent jamais satisfaisantes. « J'ai des érections avec les femmes mais elles ne durent jamais, admettait-il; avec les hommes, j'ai facilement des érections... trop facilement, même juste en parlant avec un type. »

Mantha continua à travailler dans la marine et il passa au rang de quartier-maître de deuxième classe. Mais son insubordination lui valut de nombreuses réprimandes. Il fut arrêté par la marine pour conduite en état d'ébriété, langage sacrilège, absence sans permission de son navire et d'autres incidents d'inconduite mineure. Un jour, un peu comme dans le film *The Caine Mutiny*, un Mantha furieux envahit le pont du *Haida* et admonesta le capitaine pour la mauvaise qualité de la nourriture servie en mer.

En 1955, à San Francisco, au cours d'une bringue qui dura vingt-quatre heures, Leo fit des avances à un homme qui n'apprécia pas et qui le roua de coup. Leo se réveilla avec une blessure importante au crâne. Il ne se souvenait ni du moment où cela s'était passé ni comment il s'était fait battre. Toujours est-il qu'après l'incident, il se mit à trembler, il avait de la fièvre et des maux de tête. Il se rendit à l'hôpital militaire d'Esquimalt, et c'est au cours d'examens neurologiques que les médecins découvrirent sa dépression homosexuelle et ses sentiments profonds qui faisaient qu'il se sentait « inférieur et pas à sa place ».

« Il est évident que la marine est le dernier endroit au monde pour un homme aux prises avec ce genre de conflit, déclarèrent ses docteurs aux supérieurs. Son temps expire en mars ou en avril mais en attendant, il n'est pas apte au service et devrait être hospitalisé. »

Il n'alla pas à l'hôpital mais quitta la marine.

Leo était alors âgé de trente ans, il avait des cheveux bruns épais et bouclés, des yeux séduisants et une démarche à la fois souple et lourde. Il était à l'âge où les homosexuels sont encouragés à croire que le désir physique et sexuel qu'ils inspirent est sur le déclin. Névrosé, il croyait que la vie lui était passée sous le nez.

C'était un habitué d'un bar de l'Empress Hotel de Victoria, le rendez-vous d'un cercle discret d'homosexuels dans l'armée. C'est là qu'à la fin de juin 1958 un barman, Donald Perry, présenta Mantha à son cousin, un marin aux cheveux blonds, au sourire éclatant et au caractère irascible : Aaron Hetherington « Bud » Jenkins. Ce même soir, dans l'appartement de Perry, Bud devint le héros des fantasmes inassouvis de Mantha. « Je n'avais jamais été aussi impliqué affectivement et on a commencé à sortir ensemble régulièrement. De l'alcool, du sexe, et très peu de sommeil », se souviendra plus tard Mantha.

Pour les vingt-trois ans de Bud, au mois de juillet, il y eu un *party* qui laissa Mantha quelque peu dégoûté. Bud et un autre marin, Jerome Wagner, firent leur apparition habillés en femmes. « Ils se sont travestis et ça n'est pas du tout mon truc, je ne sais pas ce que les hommes trouvent à ces idioties. C'est grossier et ridicule. »

Malgré cela, l'incident ne réussit pas à calmer l'ardeur de Leo pour son jeune amant. Lorsqu'il reprit la mer à la fin du mois de juillet, Leo se comporta comme un enfant exubérant. Il redécora sa cabine aux couleurs de son école, en vert et blanc. Deux fois par semaine, il envoyait des lettres ou des cartes postales à Jenkins, ponctuées d'argot homosexuel, comme par exemple :

> Lundi, le 4 août 1958
>
> Cher Budsie Wuzzie,
> Ces quelques lignes, chéri, alors que nous remorquons ces trente-huit sections à travers le bras nord de la rivière Fraser. J'ai rejoint le bateau à sept heures trente du matin

mercredi dernier... Un matelot vraiment mignon est arrivé le même jour que moi. Je le connais depuis octobre dernier et je lui ai fait une passe en février dernier. Mais il n'est pas gay. Il sort avec une morue. Je l'ai soûlé cette fois-là et j'ai couché avec lui, chez moi. Chaque fois que j'ai l'occasion de lui parler seul, je le tripote. Je n'ose pas lui rentrer dedans. Il pourrait brailler et je perdrais mon boulot.

Ça a fait une longue semaine hier que je t'ai vu Bud, et c'est affreux comme tu me manques, mais j'ai toujours ces photos pour me remonter. Peut-être que quand on aura fini le remorquage, au petit matin on ira à Victoria. Je l'espère bien parce que j'ai hâte de te voir. J'espère que cette lettre te trouvera en forme et que tu es sage, comme moi, vu que je n'ai pas le choix.

Tout mon amour.

Leo.

Le mois pendant lequel Leo était en mer, Bud Jenkins appréhendait une relation homosexuelle permanente, étouffante. C'était contre sa nature. À la fin du mois d'août, Mantha était de retour à Victoria où l'attendait une lettre. Un extrait se lisait comme suit :

Franchement, Leo, si tu penses à moi comme à un amant, comme dans le bon vieux temps, oublie ça. Je veux et j'ai toujours voulu avoir une amitié sincère avec toi. Toujours, mais ça s'arrête là. J'essaie de grandir, j'essaie de construire une fondation solide. Aide-moi s'il te plaît ! Les choses que nous avons connues dans le passé nous ont empêché de progresser. Montre-moi que tu es un vrai ami, je ne peux plus supporter toutes ces foutaises. Sois le Leo sincère qui, je le sais, est au-dessus de tout ça. Alors je serai fier d'être ton compagnon.

Leo est amoureux. Bud ne l'est pas.

Dans la tradition consacrée de l'amant bafoué, Leo était bien décidé à regagner l'affection de Bud. Il ressentait l'urgence de la situation. Leo devait se rendre en avion à Montréal le 8 septembre pour assister au mariage d'un ami. Il ne put supporter l'idée d'être séparé de Bud sans tenter de réparer la relation. Mais l'affaire prit un cours imprévu. À la fin du mois d'août, une fille que Jenkins avait connue à Montréal, Margaret Aherne, passa le *week-end* de la fête du Travail avec lui. Se servant de Margaret comme d'une excuse pour mettre encore plus de distance entre lui et Leo, Bud dit à ce dernier qu'il allait épouser la fille.

Tandis que Mantha était totalement obsédé par l'image de Jenkins qu'il avait lui-même créée, il commençait aussi à se mépriser. Dans une explication au symbolisme religieux, Leo percevait Bud comme l'autel à l'intérieur du temple où Leo était le seul prêtre et Leo ne pouvait plus l'adorer. Il était excommunié.

Leo parvint à convaincre Jerome Wagner, un ami de Bud, d'intercéder en sa faveur. Au lieu de cela, Bud et Jerome se soûlèrent et finirent au lit. Voulant désespérément se rapprocher de Bud, Leo emménagea début septembre avec le cousin de Jenkins, Donald Perry. Perry avertit Leo de ne pas être aussi obsessif et suggéra que le voyage prévu à Montréal serait le moment idéal pour réfléchir.

Entre-temps, Jerome Wagner se vanta méchamment auprès de Bud d'avoir attiré Leo au lit. En prise à toutes sortes d'émotions, Bud connut les affres de la jalousie juvénile.

Dans la soirée du samedi 5 septembre 1958, Bud se rendit à l'appartement situé au 451 rue Superior pour confronter Leo. Mantha regardait un combat à la télévision. Bud fit le pied de grue dans la cuisine jusqu'à la fin des combats.

Les détails des événements qui suivirent sont obscurs mais ce qu'ils révèlent est très clair. « Bud m'a dit que je n'étais qu'une poire; qu'il n'avait fait que profiter de moi, se rappelle Leo. Nous sortions beaucoup et en général, c'est moi qui réglais l'addition. En trois mois, Bud m'a coûté plus de mille dollars. Eh bien, il essayait de me dire qu'il n'était plus intéressé : il m'a dit qu'il n'était pas homosexuel, qu'il était juste un « commercial », terme que nous utilisons pour décrire un prostitué mâle. »

La crise de rage s'aggrava. Bud dit à Leo que Margaret Aherne, une catholique romaine, avait accepté de se convertir à la foi anglicane pour l'épouser. Il commença à lui faire un sermon, en disant à Leo que lui aussi avait trouvé le salut en devenant anglican. « J'ai bien vu qu'il se payait ma tête et ça m'a agacé, dit Mantha. Puis il a recommencé avec toutes ces bondieuseries et je n'ai pas pu le supporter. »

Leo frappa Bud avec une telle force que (comme le révéleront les examens subséquents) de petits éclats du crâne de Jenkins pénétrèrent dans le cerveau. Un autre coup lui cassa l'arête du nez.

À demi vêtu, en sang, plein de contusions, Bud fila à l'Empress Hotel pour montrer à son cousin Donald ce que Mantha lui avait fait. Il se nettoya dans une salle de bains de l'hôtel, reprit ses esprits et se fit raccompagner par un autre marin à *Naden*, où il rejoignit la base et se mit au lit.

« Je me suis dit que je l'avais perdu et qu'il n'avait plus rien à faire avec moi », dit-il plus tard. Comme tentait d'expliquer Leo, ce qui s'était passé était de la faute de Jerome Wagner. Wagner avait tout dit à Bud et Wagner était responsable de tout.

« J'allais me suicider en plongeant du haut d'une falaise avec ma voiture. Je n'avais rien à gagner en me débarrassant de Bud, et surtout pas lui. »

Le désir de tuer coïncide souvent avec le désir de mourir ou de s'annihiler et Leo but une bouteille de whisky de 26 onces et avala deux douzaines d'aspirines. Puis il conduisit dans l'obscurité jusqu'au bord d'une falaise située à proximité de la base navale. Si un policier militaire en patrouille ne l'avait pas interrompu, il aurait peut-être fait le saut fatal.

Mantha conduisit sa voiture dans un terrain de stationnement, se faufila sans être vu à travers une brèche de la clôture, pénétra dans le bloc Nelles. Là, il franchit une porte de secours restée ouverte et se fraya un chemin jusqu'à la chambre de Bud, située au deuxième étage.

Il voulut réveiller Bud, lui parler mais il ne savait pas quoi faire à cause de l'étranger (Ronald Cooke) qui dormait dans l'autre lit.

« Je ne voulais pas que l'autre gars se réveille. Je suis resté debout à côté du lit, Bud était allongé sur le dos. Je crois que je me suis penché — pour l'embrasser — et juste à ce moment, il s'est tourné et a bougé. Ça m'a fait sursauter. Ce dont je me souviens ensuite, c'est qu'il s'est mis à crier et j'ai paniqué. Je suis sorti en courant de la chambre. Je savais qu'il s'était passé quelque chose mais je ne savais pas quoi. »

Mantha engagea comme avocat un ancien marin, membre libéral de la magistrature de Colombie-Britannique, George Gregory. Gregory était un homme maigre et nerveux, aux yeux vairons, qui avait servi dans les corvettes au large de la côte est du Canada au cours de la Deuxième Guerre mondiale. Il avait été blessé en 1942, lors du torpillage du HMCS *Charlottetown*. Deux ans plus tard, il avait été décoré pour sa bravoure à la suite d'un combat avec un sous-marin. Son fils devait déclarer que le procès et les événements subséquents qui avaient mené à l'exécution de Leo Mantha, avaient laissé une cicatrice plus profonde à George Gregory que tous ses souvenirs de guerre.

Ceux qui connaissaient Mantha, y compris Gregory, étaient stupéfaits qu'il ait pu tuer quelqu'un. Même le chef de police d'Esquimalt, Gilbert Stancombe, rapporta que « Mantha était estimé par ses collègues et par d'autres qui le connaissaient. C'est un homme très détendu, réfléchi, intelligent et qui a de bonnes manières. »

Le défi de Gregory était de défendre un homme qui avait avoué avoir tué non pas une fois, mais trois fois. Dans l'esprit de Gregory, l'assassinat était un homicide, un crime passionnel, pas un meurtre. Pour le prouver, il se rendit en avion aux quartiers généraux de la Défense nationale à Ottawa afin d'obtenir de la marine la permission d'examiner le livret militaire de Jenkins. Il espérait ainsi établir la nature de la relation qui existait entre les deux hommes. Les réponses de la marine furent évasives.

Les procès pour meurtre concernent l'accusé, pas la victime. Or, au cours du procès qui suivit et qui débuta le 10 décembre 1958 dans une salle d'audience froide et humide de Victoria, devant le juge J.G. Ruttan, le jury apprit très peu de choses en ce qui concerne Bud Jenkins, mais en apprit plus que nécessaire sur Leo Mantha.

L'idée d'assister à un procès à sensation attira des foules immenses, parmi lesquelles on retrouvait un grand nombre de marins curieux qui, chaque matin, jouaient aux cartes dans les couloirs en dehors de la salle d'audience, en attendant que commence la procédure.

Quand le procès commença, George Gregory tomba sur des preuves qu'il aurait du mal à faire passer auprès du jury. Gregory avait des soupçons parce qu'une enquête d'un coroner sur la mort de Bud avait été abandonnée, à la demande de la marine et de la police. Ce que Gregory entendait soutenir, c'est que les coups qui avaient tué Bud pouvaient être le résultat non pas du couteau, mais des poings de Mantha lors du combat qui avait eu lieu des heures avant l'agression à coups de couteau. Mais il devait prouver hors de tout doute raisonnable que Bud serait mort des blessures infligées au cours du combat, même si Leo ne l'avait pas poignardé. Il fallait donc que Mantha soit reconnu coupable d'homicide involontaire.

La défense avait des arguments médicaux solides. Le Dr Alexander McCullough, chirurgien de la marine qui avait examiné en premier le corps, était également insatisfait de l'échec de la marine à mener une enquête. McCullough fut le premier à soupçonner que Jenkins aurait pu être blessé ailleurs et qu'une artère ou une des veines principales avait éclaté, provoquant ainsi une hémorragie avant même d'être poignardé. Il fondait son opinion sur la manière dont le sang avait formé des caillots avant et après la mort. Avant la mort, le sang contient de la fibrine, qui l'aide à coaguler. Après la mort, la fibrine disparaît et le sang ne forme plus de caillots aussi facilement. Ce qui ennuyait McCullough était que dans le cas de Bud, il n'y avait aucun signe de coagulation. McCullough concluait donc que Jenkins était déjà en train de mourir avant d'être poignardé.

« LE MARIN ÉTAIT-IL MORT AVANT D'ÊTRE POIGNARDÉ ? » claironnèrent les titres des quotidiens.

C'est une théorie que peu de gens étaient prêts à défendre.

Pour réfuter la version de la Couronne sur la façon dont Jenkins était mort, Gregory fit passer un contre-interrogatoire au pathologiste du Royal Jubilee Hospital, qui avait fait les tests sur les tissus, après le meurtre. Le Dr Ross McNeely déclara qu'il n'y avait aucun signe de caillot dans les régions du visage de la victime.

– Il est étrange que vous ne trouviez aucune preuve de caillot, suggéra Gregory.

– Je ne le pensais pas à l'époque.

– À présent que j'ai attiré votre attention sur le sujet, n'êtes-vous pas d'accord avec le fait que c'est étrange ?

– Le caillot auquel on peut s'attendre après la mort est très...

McNeely bafouille.

– Je ne sais pas comment l'expliquer.

Il fit une pause.

– Je ne peux pas répondre à la question.

– Sa réticence à donner une opinion, expliqua-t-il, venait du fait que l'examen au microscope n'était pas complet.

– Mais il n'y avait pas du tout de caillot ? insista Gregory.

– Il n'y avait pas de caillot. Pas du tout.

Au cours du contre-interrogatoire d'un autre témoin de la Couronne, le commandant John Schinbein, un médecin de la marine qui avait aussi examiné le corps, fut d'accord.

– Si Jenkins a bien souffert des lésions au cerveau quelque temps avant les coups de couteau, même si cela est improbable, vous ne pouvez pas écarter le fait que c'est une cause possible de mort, n'est-ce pas, docteur ? s'enquit Gregory.

– Je ne peux pas l'écarter en effet, dit le Dr Schinbein.

Malgré cela, cette déclaration fut rejetée par l'avocat Lloyd Mac-Kenzie comme n'étant rien de plus qu'une « théorie spéculative ».

« Si une école brûle et que les enfants soient brûlés à mort, devons-nous considérer qu'il y avait une possibilité qu'ils sont morts d'une crise cardiaque et qu'ils n'aient pas été tués par le feu ? » riposta-t-il.

Au fur et à mesure que le procès avançait, la Couronne appela plusieurs témoins, tentant de montrer que Bud était une victime innocente qui était morte aux mains d'un pervers. Le cousin de Jenkins, Donald Perry, dit à la cour qu'il croyait que Bud traversait « un stade transitoire, comme beaucoup d'hommes de son âge ». Il ajouta : « Je pensais qu'il se marierait. »

Gregory refusa de croire que Jenkins avait été un partenaire non consentant.

Il demanda à Perry s'il était au courant que son cousin et Leo Mantha étaient amants.

– Oui !

– Ils étaient attachés l'un à l'autre ?

– Oui.

– Vous donnez de bonnes soirées chez vous ?

– Oui.

– Il y avait combien de clés de votre appartement en circulation ? Qu'est-ce que c'était, une sorte de club ?

– Il y avait trois clés à part la mienne. Quand je donnais une clé à quelqu'un, dans mon esprit ça voulait dire que c'était leur maison, tenta d'expliquer Perry.

– Et tous ceux qui avaient la clé étaient comme par hasard des marins ?

La voix de Gregory était chargée de sarcasme.

Les marins qui se trouvaient dans la galerie se mirent à rire bruyamment et le juge fit un rappel à l'ordre, menaçant de faire évacuer la salle d'audience si cela se reproduisait.

Lorsqu'il témoigna, Jerome Wagner reconnut aussi qu'il savait que Leo et Bud étaient impliqués dans une relation homosexuelle.

– Et vous saviez que Jenkins avait coutume de s'habiller en femme ? lança Gregory.

– Pas souvent. Juste une fois.

La défense commença par appeler à la barre comme premier témoin une femme maigre et posée, qui, malgré une détresse émotionnelle évidente, révéla d'une voix claire un secret fascinant du passé de Leo. C'était le secret qu'il avait gardé lui-même pendant si longtemps.

La femme était Mme Evely Higgins et elle déclara à la cour qu'elle n'était pas la sœur de Leo mais sa tante. La personne qu'il avait prise tout ce temps pour sa mère, expliqua-t-elle, était en réalité sa grand-mère. Sa vraie mère était sa propre sœur, Edith. « C'était très strict, à la maison : nous étions catholiques romains et nous allions à l'église régulièrement », dit-elle, en parlant d'une voix douce. « Leo a été élevé en croyant que mes parents étaient ses parents, et qu'il était mon frère et le frère de sa mère. »

Mantha, poursuit-elle, avait appris sa véritable identité lorsqu'il avait environ dix ou douze ans. Au cours d'une dispute de famille, Edith avait crié, lors d'un accès de colère, qu'il était son enfant : « Après ça, Leo s'était replié sur lui-même. Il était très tranquille et nous ne réussissions pas à lui faire parler de ses problèmes. »

– Saviez-vous que Leo était homosexuel ?

– Non.

– En y repensant, maintenant que vous êtes au courant, pouvez-vous songer à quoi que ce soit qui n'avait pas d'importance alors, mais qui en a aujourd'hui ?

– Eh bien ! il y a une occasion à laquelle j'ai pensé dernièrement. Il était à la maison en permission une fois, mon jeune fils allait se coucher et embrassait tout le monde et je me souviens que quand il s'est approché de Leo, celui-ci s'est retiré en disant : « Tu fais la bise aux dames, mais tu serres la main aux hommes, tu n'embrasses pas les hommes. Bonne nuit. »

La défense produisit ensuite le témoignage des experts psychiatres. C'était une époque où l'homosexualité était encore considérée comme une maladie mentale. Le Dr Alcorn se fit rappeler par la marine de ne pas parler de son rapport sur Bud Jenkins mais de poser un diagnostic sur Mantha. À son avis, l'accusé souffrait de la maladie de Kemp :

> Avec l'éducation religieuse catholique très stricte qu'il a reçue, il est très conscient depuis l'enfance du caractère inacceptable de ses tendances. Il présente des traits que je rencontre fréquemment chez les homosexuels : l'individu ne parvient à assurer le contrôle qu'en faisant des efforts mentaux intenses.

La société attend de l'homosexuel un degré de chasteté et une privation totale de toute expression de ses tendances émotives, tendances qui, dans d'autres circonstances, seraient considérées comme normales venant d'une personne qui a fait vœu de célibat. Avec le temps, ceci entraîne de graves troubles mentaux. Dans certains cas aigus, on leur donne le nom de maladie de Kemp.

En guise d'exemple, le Dr Alcorn cita l'incident à l'occasion duquel Mantha avait poursuivi le capitaine sur le pont du *Haida* pour se plaindre de la nourriture, un incident qu'il décrivit comme « impulsif, stupide et agressif. »

La maladie de Kemp, témoigna-t-il, conduit à « un degré aigu de panique, de peur ou de rage chez les homosexuels. Au cours de cette période, le patient est susceptible de diriger sa violence à la fois contre lui-même et contre d'autres gens; d'autres fois, la maladie de Kemp se caractérise par une rage incontrôlable, principalement de la peur ou de la panique. »

Gregory l'interrompit :

– Une personne homosexuelle ou hétérosexuelle est tout à fait capable de se mettre en rage ?

– Elle l'est, acquiesça le Dr Acorn.

Mais il ajouta : « Un homosexuel est plus enclin à ce genre de dérangement. »

Le Dr William Gaddes, professeur de psychologie au Victoria College, témoigna que le quotient intellectuel élevé de Leo le plaçait parmi les dix pour cent des personnes les plus intelligentes de la population. Cependant, ses découvertes révélèrent que la personnalité de l'accusé manquait de souplesse pour supporter un impact émotif grave et qu'il y avait des sentiments d'infériorité profondément ancrés et un sentiment de ne pas être à sa place. Gaddes conclut que Mantha n'était pas un psychopathe mais un névrosé. Selon son analogie, « sa personnalité ne fonctionne pas au niveau où elle le devrait : c'est comme conduire une bonne voiture avec le frein à main. »

La défense avait terminé.

Conscient que les jurés ont tendance à être moralistes, voire homophobes, Gregory conclut en mettant en garde les jurés que « Mantha n'est pas accusé parce qu'il est homosexuel. C'est un être humain. »

Gregory prétendit que Leo avait été provoqué à tuer son amant. Le juge Ruttan devait réfuter cette allégation : « On ne peut certainement pas dire que le défunt a agressé Mantha, déclara le juge. Il était endormi et par conséquent on ne peut pas dire qu'il a provoqué l'accusé à utiliser l'autodéfense. »

Il informa les jurés qu'ils n'avaient pas affaire à un être humain ordinaire, comme l'avocat de la défense le suggérait, « mais à un être anormal » — assertion qui serait considérée comme ridicule par les psychiatres d'aujourd'hui. « Les passions soulevées par le rejet d'une partie des homosexuels sont plus intenses que celles créées par un rejet normal au sein des membres du sexe opposé. »

Le jury délibéra. Mais insatisfait de son acte d'accusation, le juge Ruttan le rappela trois fois au cours des délibérations, afin de corriger et de clarifier certaines remarques, ce qui laissa les membres du jury encore plus confus.

Il parla de la question de l'intention. « L'intention, expliqua-t-il, c'est comme un garçon qui frappe une balle avec son bâton de baseball et qui casse une vitrine. Il peut avoir eu l'intention de frapper un coup de circuit, alors que le propriétaire du magasin croit que l'intention du garçon était de casser la vitrine. »

Qui le jury allait-il croire ? Le garçon ou le propriétaire ? Le juge ne le disait pas.

Il fallut cinq heures aux jurés pour rendre leur verdict. Mantha, soigneusement vêtu d'un blazer blanc et d'un pantalon foncé, se tenait droit. Il ne laissait paraître aucune émotion lorsqu'il entendit : « Coupable ».

Puis, probablement un cas unique dans les annales judiciaires du Canada, Mantha entendit prononcer sa condamnation à mort non pas une fois, mais deux fois en l'espace de cinq minutes.

Le juge avait ordonné que Leo soit pendu le mardi 19 mars 1959. Le prisonnier fut conduit en dehors de la salle d'audience, lorsqu'un clerc se rendit compte qu'une telle date n'existait pas.

On ramena Mantha au banc des accusés.

« Leo Anthony Mantha, par inadvertance, j'ai indiqué que le jour de votre exécution serait le mardi 19 mars, entonne le juge Ruttan sans s'excuser. J'ordonne que la date correcte soit le mardi 17 mars. Et qu'à cette date, vous soyez conduit à l'endroit de l'exécution où vous serez pendu haut et court jusqu'à ce que mort s'ensuive. »

Dans un aparté, Gregory murmura : « Il me semble inhumain de pendre qui que ce soit, mais c'est particulièrement inhumain de pendre quelqu'un le jour de la Saint-Patrick. »

Gregory, qui était issu d'une famille de magistrats distinguée — son père et son grand-père étaient tous deux juges — ne croyait pas que Leo serait pendu. Il était encouragé en partie par l'attitude pleine d'humanité du gouvernement progressiste conservateur récemment élu, qui avait à sa tête un ancien avocat, John George Diefenbaker. Diefenbaker, un abolitionniste, avait été élu dix-huit mois plus tôt, en juin 1957, et il avait épargné les vies de vingt des vingt-sept tueurs reconnus coupables lors des derniers procès.

Gregory avait la conviction que Diefenbaker montrerait le même égard à Mantha qu'il avait témoigné à un homme qui avait assassiné une maîtresse dans une crise de jalousie. Il était aussi encouragé par le rapport du psychiatre retenu par le département de la justice pour revoir le dossier. Le Dr J.P.S. Cathcart d'Ottawa résumait ainsi ses découvertes : « Mantha semble s'attendre à la clémence et il est loin d'être le criminel endurci que je m'attendais un peu à voir, après lecture de la preuve. »

Le premier appel à la clémence fut écrit par le cousin de Jenkins, Donald Perry, qui demanda au Ministre de la Justice, Davie Fulton, de croire dans « la vérité ».

« Comme Aaron le croyait, je crois dans la vérité, écrit Perry. Le fait est que les deux hommes étaient des hommes bons à la base. Je prie pour que la condamnation de Leo soit commuée. Sa mort, en soi ne serait d'aucune valeur pour la société. Même la loi tribale de Moïse (Lévitique, 24, 20 1) était en train de changer à l'époque de Jésus (Matthieu, 5, 38-39) 2.

Aaron avait lu une partie du service religieux sur le *Naden*, lors des dernières fêtes de Pâques. Ses carnets indiquaient qu'il avait fréquenté l'église toute sa vie. Toute punition infligée à Leo Mantha par la société n'affectera pas Aaron, qui est avec Dieu. »

L'église catholique romaine du Québec témoigna un intérêt sans précédent pour le procès de Mantha. L'évêque auxiliaire de Montréal, un monseigneur, un certain nombre de curés de Verdun, sans oublier le conseil des Chevaliers de Colomb de Montréal, District 284, firent tous des démarches auprès du Cabinet fédéral pour demander que l'on épargne la vie de Leo. En outre, plusieurs ecclésiastiques firent personnellement pression en faveur de Mantha auprès des ministres du cabinet du Québec et auprès des sénateurs. Il est possible que l'intérêt très vif de l'église pour cette affaire était dû au respect authentique à l'égard de la tante de Mantha, Mae, directrice adjointe de l'école de filles Saint-Thomas-More, à Verdun. Mais il est également possible que ce soit là le résultat des démarches d'un prêtre que Mantha a décrit, un jour, comme « un homme qui est tellement connu à Montréal que je ne vous dirai jamais qui il est », celui-là même qui l'a initié, il y a longtemps, à la pratique homosexuelle.

Mantha fut conduit au quartier des condamnés à mort, à la prison d'Oakalla, à Burnaby, près de Vancouver. La date originale de l'exécution fut reportée au 28 avril 1959. Ce jour-là, il était censé être pendu avec Robert Chapman, un garçon de ferme de dix-neuf ans, originaire de l'intérieur des terres de la Colombie-Britannique qui avait été trouvé coupable d'assassinat sur son frère aîné à l'aide d'une arme à feu. Quatre jours avant la date prévue de l'exécution, le Cabinet fédéral commua la peine de Chapman. En apprenant la nouvelle, le jeune homme exprima son inquiétude pour Mantha. « On ne va pas le faire à Leo, n'est-ce pas ? »

La famille de Chapman devait être la dernière à envoyer une requête au Cabinet pour que la vie de Mantha soit épargnée. Leur télégramme se lisait ainsi : « ÉNORME SOULAGEMENT ET GRATITUDE POUR LA COMMUTATION DE LA PEINE DE MORT DE ROBERT CHAPMAN STOP SOMMES CONFIANTS QUE LA COMMUTATION DE LEO MANTHA SERA PROCHAINEMENT ANNONCÉE. »

Pour des raisons que seul le Cabinet connaît, il n'y eut pas de commutation de peine pour Leo. Il faut cependant dire que la décision de ne pas intervenir semblait être motivée par la politique. En effet, le gouvernement avait été la cible de critiques de quelques députés de l'opposition, qui voyaient d'un mauvais œil la politique d'abolition par commutation de Diefenbaker. En permettant que Mantha soit pendu, le Premier ministre était en mesure de satisfaire les sénateurs de son caucus difficile à manier, exigeant une règle stricte de maintien de l'ordre. En commuant en même temps la peine de Chapman, il put aussi épargner le nombre croissant d'abolitionnistes de la Chambre.

Le département de la Défense nationale était très embarrassé par le relâchement de la sécurité ayant rendu le meurtre possible. L'image de la marine avait été souillée par la révélation sordide selon laquelle certains marins étaient des homosexuels. En bref, Mantha était un paria dont le style de vie et le crime suscitaient plus de dégoût que de pitié.

Gregory devait conserver l'espoir jusqu'à la fin. Le 26 avril, il envoya un télégramme au Ministre de la Justice qui se lisait comme suit : « SI LE CABINET N'ANNONCE PAS SA DÉCISION BIENTÔT CELA N'AURA PAS D'IMPORTANCE PARCE QUE MANTHA ET SON AVOCAT SERONT TOUS DEUX MORTS À FORCE D'AVOIR ATTENDU. »

Leo Mantha, dont c'était la seule inculpation criminelle, trouva la mort peu de temps après minuit, le 27 avril 1959 dans une cage d'ascenseur abandonnée convertie en potence.

George Gregory était là pour le voir mourir.

Au cours de son dernier repas, composé d'un steak *T-bone* qu'il mangea avec une cuillère, seul couvert permis, le bourreau Camille Branchaud, un homme de petite taille, aux petits yeux ronds comme des boutons noirs derrière des lunettes cerclées de corne, se présenta avec entrain aux témoins du coroner. Les tentatives de Branchaud de faire la conversation furent froidement repoussées. Il fit les derniers ajustements de la trappe.

En plus des six membres qui composaient le jury du coroner, se trouvait la première femme à être témoin d'une exécution au Canada, Jean Howarth du *Sun* de Vancouver.

« Il m'a semblé que nous étions là depuis très longtemps et j'ai regardé l'horloge en souhaitant que cela soit fini, écrit Howarth, puis j'ai ressenti un sentiment de culpabilité à vouloir que le temps s'accélère. »

En entendant le bruit de la trappe, Howarth se couvrit les yeux. Si elle avait regardé, tout ce qu'elle aurait pu voir aurait été la corde tremblante et une tache de flegme blanc qui resta suspendu dans les airs pendant un quart de seconde, à l'endroit où Léo se tenait.

Son agonie dura douze minutes.

Quand tout fut terminé, le jury du coroner fut reconduit en bas.

Charles Shaw, le directeur adjoint de la prison, tira le drap blanc qui recouvrait le cadavre.

« Est-ce que vous identifiez le corps ? », demande-t-il.

John Charters, le clerc, regarda et confirma : « C'est le défunt Leo Mantha. »

Plus tard, après avoir consigné le tout par écrit et prêté serment, Gregory, consterné par ce qu'il venait de voir, adressa une lettre de condoléances à la sœur de Leo. « Nous savons tous comment Leo est tombé mais nous ignorons combien il s'est battu. Sa lutte justifie la fin qu'il a connue et sa fin est acceptée par Dieu. »

---

1. « Quand un homme blesse son semblable, il lui sera fait comme il a fait, coup pour coup, œil pour œil, dent pour dent. »

2. « Vous avez appris " œil pour œil, dent pour dent ". Mais ce que je vous dis est de ne pas vous retourner contre l'homme qui vous a fait du tort. Si quelqu'un vous frappe la joue droite, tendez la joue gauche... »

CHAPITRE 9

Alberta

Robert Rae Cook

Alors que Bobby Cook traversait Stettler, en Alberta, à deux cents kilomètres au sud-est d'Edmonton, le gravier crépitait sous sa voiture neuve, une Chevrolet Impala 59, décapotable. Des vagues de chaleur s'élevaient de la rue et la poussière chatoyait dans la lumière épaisse et ambrée de ce dernier samedi de juin. Cook grimaçait et se mordit la lèvre en apercevant un agent de police de la GRC qui lui faisait signe de se garer au bord du trottoir. C'était la troisième fois en quatre jours que la police lui faisait des histoires et cela ne faisait que cinq jours qu'il était sorti de prison.

Bien que la vie de Robert Cook ait été une longue errance, il se dégageait de cet homme de vingt-neuf ans une énergie innocente et débridée. Musclé, les cheveux en brosse, il avait l'air rude et farouche. Son large sourire désarmant faisait oublier des yeux ternes injectés de sang et enfoncés dans leur orbite.

Cook s'arrêta devant le policier et tapota nerveusement le volant de ses doigts aux ongles rongés.

– Belle voiture, Bobby. Où l'as-tu volée celle-là ? », lui demanda l'agent Allen Braden.

– Je l'ai pas volée. Je l'ai achetée à Edmonton.

– Je sais. Le sergent Roach veut te voir. Ça ne te dérange pas d'aller en voiture jusqu'au poste ?

– Pour quoi faire ?

– Vas-y, OK ?

Cook se rendit en voiture jusqu'au détachement de la GRC situé au-dessus du bureau de poste. C'était environ à cent mètres au sud d'où habitaient ses parents, au 5018, 52e rue, une adresse prétentieuse pour une ville située dans un trou perdu de l'Alberta et qui ne compte guère plus qu'une vingtaine de rues. La maison des Cook était un bungalow recouvert de bardeaux blancs fendus, avec deux chambres à coucher donnant sur la voie ferrée. La maison était plongée dans l'obscurité et en partie cachée par un lierre grimpant noueux et emmêlé.

Au moment où Bobby pénétra dans le bureau en cet après-midi du samedi 27 juin 1959, le sergent Thomas Roach feuilleta le casier judiciaire du jeune homme : dix-neuf accusations en sept ans, dont la moitié pour vol de voiture.

– Où est ton père ?

– Parti. Il est parti en Colombie-Britannique acheter un garage.

– Je le cherche.

– Pourquoi? Qu'est-ce qui ne va pas ?

– Je crois que tu sais ce qui ne va pas. Tu t'es servi de la carte d'identité de ton père pour acheter cette voiture que tu conduis. C'est de la fraude, Bobby !

– Papa me l'a donnée, protesta Bobby. Il m'a donné sa familiale en échange. Il a dit que comme je venais tout juste de sortir de prison, ça serait plus facile si je me servais de son permis et de ses papiers d'immatriculation. On a les mêmes noms. Qu'est-ce que ça fait ?

– Ça fait que tu conduis une voiture sans avoir l'assurance qu'il faut. Et tu n'es pas Rae Cook senior, n'est-ce pas ? Tu n'as pas cinquante-deux ans ?

Bobby secoua la tête.

Roach accusa Cook de fraude et le mit dans la cellule de détention puis il partit chercher le père de Cook pour le mettre au courant; mais en arrivant, il trouva la maison vide. Au cours d'une fouille de routine, la police découvrit dans la décapotable de Bobby deux malles et une boîte à outils en métal dans le coffre. Dans les malles, ils trouvèrent quatre pyjamas d'enfant, une paire de draps Tex-Made, une montre de femme et un album contenant les photographies de la belle-mère de Cook. Tassés dans la boîte en métal se trouvaient le livret bancaire de Ray Cook, qui indiquait un solde d'environ quatre mille dollars, les cinq certificats de naissance des demi-frères et sœurs de Bobby, des avis d'impôts, un contrat de mariage et les bulletins scolaires des enfants.

Encore une fois, le sergent Roach chercha à vérifier les dires de Bobby avec Ray Cook. Il frappa à la porte avant de sa résidence. Il n'y avait pas de réponse mais la porte céda sous sa main. Au lieu d'allumer la lumière, Roach traversa la maison, guidé par le halo dansant de sa lampe de poche. Il aperçut l'édition du samedi du *Herald* de Calgary sur le sol, inspecta la salle à manger obscure et, ne voyant rien d'anormal, décida de quitter les lieux.

Le lendemain, un dimanche matin, en plein jour donc, la police retourna pour la troisième fois chez le père de Cook. Les policiers firent une découverte macabre. La faible odeur de sang séché et de chair en décomposition accentuée par la chaleur de cette journée d'été les conduisit au garage attenant. Sous les planches utilisées pour cacher une fosse, ils découvrirent les restes de Ray Cook, un homme bien bâti, dont le teint normalement rougeaud commençait à se décomposer et à prendre une couleur vert pâle. Le corps criblé de balles portait les marques de coups de matraque. Juste à côté gisait le cadavre de sa seconde femme, Daisy Mae, dont le crâne avait été déchiqueté par l'explosion d'un fusil de chasse à double barillet. La découverte qui attendait les policiers était plus pathétique encore : sous les corps de leurs parents, enveloppés dans des chiffons imbibés d'huile, des couvertures, des draps de lit sanguinolents et les pages froissées du *Herald* du jeudi, se trouvaient les restes des enfants, Gerald Rae, neuf ans, Patrick William, huit ans, Christopher Fredrick, six ans, Kathy Vern, quatre ans, et Linda Mae, trois ans. Les enfants gisaient de travers, la tête tordue : leur visage avait été frappé avec la crosse d'une arme trouvée dans la fosse, un grand fusil à simple barillet qui avait plus de cinquante ans. La violence des coups avait fendu le fût et la crosse en deux.

À l'intérieur de la maison, la police découvrit que tous les murs avaient été frottés et pratiquement débarrassés des taches de sang mais des traînées révélatrices étaient encore visibles. Dans toute la maison, il n'y avait que dix empreintes digitales qui pouvaient servir à l'identification. Dans le sous-sol, contre la fournaise, on retrouva deux fusils de chasse couverts de poussière. Dans le garage, il y avait deux carabines de calibre .22 placées horizontalement sur une étagère.

On retrouva, cachés sous le matelas de la chambre des parents, un complet bleu réglementaire et une cravate rouge.

Avec le complet se trouvait aussi une chemise blanche crasseuse, trop petite pour Bobby, qui portait la marque du nettoyeur ROSS imprimée sur le col.

Le contraste entre l'horreur de l'intérieur de la maison et le calme paisible de la communauté dehors en ce dimanche matin n'aurait pas pu être plus extrême. Les cloches de l'église catholique romaine du Christ-Roi retentissaient à travers les champs verts qui entourent la ville. Les cloches de l'église appelaient non seulement les catholiques mais aussi les pentecôtistes, les baptistes, les luthériens, les anglicans et les adventistes du septième jour. Tous rendaient grâce à Dieu pour leur autonomie rurale, chacun à leur façon. D'autres habitants qui ne se dirigeaient pas vers l'église allaient à la plage se trouvant à proximité du lac Buffalo, pour profiter de cette première vraie journée de l'été et se faire bronzer au soleil.

Stettler est prise en sandwich entre la voie ferrée du Canadien Pacifique qui définit sa frontière au nord, et celle du Canadien National qui délimite ses limites au sud et à l'est. La communauté qui comptait alors cinq mille habitants doit son nom à Carl Stettler, un fermier suisse arrivé dans la région autour de 1903 et qui a ouvert le premier hôtel et le premier bureau de poste alors que la ville voyait le jour, en 1905. « Stettler est un endroit où l'on ne s'arrête jamais, explique un habitant. Située comme elle est, à deux heures de voiture au sud-est d'Edmonton, à une heure à l'est de Red Deer, et à deux heures et demi au nord-ouest de Calgary, il faut nécessairement quitter un autre endroit pour y aller. »

Le 28 juin 1959, après que les nouvelles des meurtres eurent été diffusées à la radio, les badauds du dimanche, les curieux friands de macabre, n'eurent aucun mal à se frayer un chemin vers Stettler, tandis que la communauté tentait de saisir toute l'horreur du drame.

Peu avant midi, on fit sortir Bobby Cook de sa cellule de détention à la prison de Stettler et les policiers lui dirent ce qu'ils avaient trouvé dans la fosse. « Pas mon père ! Pas mon père ! » se lamentait-il tandis qu'il s'effondra en sanglots. Il pleura pendant plus d'une heure, refusant de répondre aux questions de la police. Puis il sentit sa gorge se nouer lorsque les policiers commencèrent à réciter la phrase tristement familière : « Vous avez le droit de garder le silence, vous n'avez rien à espérer d'une promesse ou d'une faveur, et rien à craindre d'aucune menace si vous dites quoi que ce soit. Tout ce que vous direz pourra être retenu contre vous. »

Arrêté et accusé seulement du meurtre de son père, Cook dit : « Je me fous de ce que vous dites, je ne les ai pas tués. »

Presque trente ans après sa pendaison à la prison de Fort Saskatchewan, un 15 novembre 1960, il y a encore des gens qui croient que Robert Rae Cook ne se trouvait pas près de Stettler lorsque les meurtres ont été commis. D'autres sont tout aussi convaincus qu'il a organisé seul un des crimes les plus macabres et les plus sauvages qu'on ait connus.

Ce qui est gênant dans cette affaire, ce sont plusieurs faits incontestables. Bien que Cook ait été déclaré coupable par deux jurys au cours de deux procès séparés, toutes les preuves qui ont servi à l'inculper sont circonstancielles. Personne, en effet, n'a pu prouver au-delà de tout doute raisonnable que Cook était un tueur. L'enquête policière fut scandaleuse. Les rares empreintes digitales que l'on trouva sur les lieux du crime ne correspondaient pas à celles de Bobby Cook. Qui plus est, l'analyse faite au microscope des rognures d'ongles ne révélèrent aucune trace de sang. Enfin, plusieurs examens intensifs réalisés par les psychiatres de médecine légale les plus éminents ne purent pas démolir l'alibi de Cook.

Arthur Maloney, l'avocat de Toronto qui demanda la permission de faire appel auprès de la Cour suprême du Canada, était convaincu que Cook n'avait pas le comportement d'un homme qui venait de perpétrer un massacre. Plusieurs jours avant de mourir, Cook écrivit : « Je pensais que c'était à la Couronne de prouver qu'une personne était coupable mais maintenant, je pense différemment. Je sais qu'ils ne peuvent pas me déclarer coupable car en toute vérité, je ne le suis pas. Si on me pend, un crime sera commis au nom de la loi. »

Il faut bien reconnaître que Bobby Cook était un voleur. Dès l'âge de douze ans, il montra un intérêt criminel pour les voitures. À dix-sept ans, il était devenu tellement « institutionnalisé » qu'il confia dans une lettre à son père croire que ses activités criminelles continueraient « jusqu'à ce que je crève dans un pénitencier ou dans une sale prison provinciale ou autre ». Finalement, ce fut la délinquance de Cook qui mina sa crédibilité à la barre des témoins. Les deux jurys ne purent ignorer son passé criminel, et c'est ce qui leur fit déclarer qu'il était un tueur en série.

Cook est né à Hanna, en Alberta, le 15 juillet 1937 et il était le fils unique de Raymond Albert Cook, un réparateur d'automobile et de sa femme, Josephine Grover. La mère de Bobby souffrait de fièvre rhumatismale et on lui déconseilla d'avoir d'autres enfants. Résignée au fait que Robert serait leur enfant unique, les deux parents adoraient le garçon. Son père était particulièrement fier de l'intérêt précoce que son fils témoignait pour la mécanique. À huit ans, il savait déjà conduire un camion semi-remorque.

Lorsque Bobby atteignit ses neuf ans, sa mère entra à l'hôpital pour subir une intervention mineure et elle mourut sur la table d'opération. Dix-sept mois plus tard, son père épousa l'institutrice de Bobby, Daisy Gaspar, et la famille déménagea à Stettler.

Dévoué à sa nouvelle femme et à une famille qui augmentait presque chaque année, Ray Cook renonça à discipliner son fils aîné, ou se montra incapable de le faire. À treize ans, alors que la famille était en vacances à Banff, Bobby vola sa première voiture. Il fut mis en probation et placé dans une famille d'accueil. John et Lila Larson trouvèrent que le garçon était « un jeune homme intelligent et obéissant ». La fille de Larson, Lila, était également impressionnée : « Je n'ai rien à dire contre lui. Quand je lui dis de faire quelque chose, il le fait. Mon fils a été pris dans un motoculteur et il est mort d'une hémorragie avant qu'on puisse le transporter à l'hôpital. Je dois dire que sa mort a été moins dure à supporter que la mort de Bobby. »

La mort de la mère de Cook sembla avoir déclenché le comportement changeant du garçon. À quatorze ans, il se retrouva devant la cour juvénile pour vol de voiture et fut envoyé au centre correctionnel de Bowden, à l'époque un centre de détention pour mineurs.

Un policier de la ville, Gordon Russell, qui avait mis sur pied un programme local de boxe pour les jeunes, pensait que le sport aiderait le jeune Bobby à trouver un sens à sa vie. « Il me semble qu'il avait des problèmes émotifs. Quelque chose ne tournait pas rond chez lui. Il battait des enfants de treize et quatorze ans. Quand il les avait mis à terre, il leur flanquait des coups de pied. Il était mesquin. Peut-être qu'il agissait comme ça à cause de sa taille, je ne sais pas, mais il était dur. Pourtant aucun des gars qu'il avait rossés ne lui en voulait. Tous l'aimaient bien. »

Russell déclara : « Le deuxième soir où Bobby est venu au gymnase, il est rentré chez lui avec un oeil au beurre noir. Ray est descendu pour me dire qu'il l'enlevait de là. J'ai essayé de le faire changer d'avis. J'ai dit : « Je crois qu'il est mieux ici que dans la rue. » Ray a répondu : « Quand tu auras des enfants à toi, tu t'en occuperas. En attendant, c'est moi qui m'occupe du mien. » C'est comme ça que ça s'est terminé.

Bobby continua à voler des voitures — « pour l'excitation et l'aventure plus que par méchanceté diabolique », comme il l'expliqua lui-même. En 1955, il sortit de prison, pour treize jours seulement, avant d'être à nouveau arrêté, cette fois pour effraction. Son énergie brute anti-sociale lui valut de passer deux ans au pénitentier de Stony Mountain, au Manitoba. C'est là qu'il rencontra la seule personne qui possédait la clé pour sa réhabilitation. Alex Turk organisait des combats de boxe et il se trouvait qu'il était également un membre de la législature du Manitoba. Turk reconnut en Cook des talents naturels de boxeur et il s'occupa de son entraînement : « C'était un gars agressif, qui frappait dur, mais le souvenir que je garde de lui, c'est que c'était un vrai boxeur. Et c'était rare. Il aurait pu se retrouver au sommet. J'avais des contacts à Minneapolis et je travaillais avec Danny Spunt à Chicago qui était avec Jim Norris, le célèbre organisateur de combats. J'aurais pu l'envoyer à Chicago, je ne me souviens pas, ou à Minneapolis, et il est probable que je l'aurais envoyé à

Sioux City, qui était dans le circuit. C'était un gars sympathique, très raisonnable. »

Cook aurait pu devenir poids *welter*; le hic, c'est qu'il n'aimait pas se battre.

Le jeune homme qui avait été la terreur de la ville prétendait détester la violence. « Je ne pouvais pas frapper quelqu'un même si je ne l'aimais pas quand j'avais des gants de boxe aux poings et que je l'envoyais sans défense dans les cordes ».

Ce n'était pourtant pas l'impression qu'il donnait à ceux qui l'ont vu boxer. Ainsi, Alex Wilson, l'entraîneur chef à Stony Mountain déclara : « Il cherchait à mettre l'adversaire KO; il avait un terrible crochet. Il avait une stratégie à lui. Il ne prenait pas trop de coups. Il pouvait être secoué, dès qu'on lui en donnait l'occasion, il vous assommait avec une combinaison à lui, deux-trois-quatre-cinq. Ouais, il visait le KO. C'était son truc. Il n'était pas prétentieux. Ce qui est sûr, c'est que ça ne l'inquiétait pas de se battre. Il n'avait qu'une hâte, c'était de se retrouver sur le ring. Il était heureux dans le gymnase. »

En 1957, Cook fut incarcéré à Prince Albert, cette fois pour avoir forcé des coffres forts dans cinq petites communautés de l'Alberta. Il avait à présent la fierté de son expertise criminelle. Chaque fois qu'il décidait de commettre un vol par effraction, il laissait sa signature : « Je les ouvre toujours à partir de la gauche pour qu'on croit que nous sommes gauchers et je laisse des allumettes près du coffre pour qu'on croie qu'on vient de Calgary. » La plus grande ambition de Cook était de faire un « gros coup », c'est-à-dire de voler cinquante mille dollars puis de se retirer. « J'ai un drôle de code. Je sais que c'est mal de voler, mais ça ne me dérange pas si je ne blesse personne. Ça n'est pas bien, je sais, mais c'est ce que je pense », déclara-t-il.

Cook se trouvait en prison lorsque la reine arriva au Canada en 1959. En l'honneur de sa visite, une amnistie royale fut accordée aux délinquants non violents. Le mardi 23 juin, Cook et une centaine d'autres détenus furent relâchés de Prince Albert. Le déroulement des événements, dans les quatre-vingt-seize heures qui suivirent sa libération, était crucial. En effet, si la version de Cook était exacte en ce qui concerne son emploi du temps, et si personne ne parvenait à la mettre en doute, alors il était certainement innocent du meurtre.

Si l'on en croit la version de Cook, il passa le mardi 23 juin à fêter sa liberté à Saskatoon, avec quelques ex-détenus.

Le mercredi 24 juin, il descendit au Commercial Hotel d'Edmonton et, au cours de l'après-midi, il entra chez un concessionnaire de voitures d'occasion et se renseigna pour échanger une familiale pour une voiture neuve. Ce mercredi-là, Cook prétendit avoir fait démarrer un véhicule (en faisant se toucher les fils de contact), l'avoir volé et avoir conduit jusqu'à Bowden, qui se trouve entre Edmonton et Calgary, où il dit avoir retiré quatre mille trois cents dollars qu'il avait enterrés juste avant d'aller en prison. Il revint à Edmonton en fin d'après-midi de ce mercredi, en possession de plus d'argent qu'il n'en avait à sa sortie de prison. Il organisa un *party* et acheta tout l'alcool pour plusieurs ex-détenus.

Dans la matinée du jeudi 25 juin, Cook et un ami empruntèrent un camion et se rendirent à Stettler pour voir les parents de Bobby. L'ami le déposa en banlieue, peu avant cinq heures, et Cook qui portait son complet bleu entra en ville. Peut-être mal à l'aise à l'idée d'une confrontation avec sa belle-mère, il ne se rendit pas directement à la maison. Il prit une bière avec son père et devait déclarer plus tard que Ray Cook avait dit à la famille qu'il avait l'intention de déménager en Colombie-Britannique et que le déménagement pourrait fournir à Bobby l'occasion idéale de revenir dans le droit chemin. Voulant faire amende honorable, Cook dit qu'il avait donné à son père environ quatre mille dollars en liquide, soit l'argent qu'il avait déterré près de Bowden. En échange, dit-il, son père lui confia la familiale, celle que Cook s'apprêtait à échanger pour une voiture neuve. En rentrant chez lui à pied, Cook tomba sur le plus vieux de ses demi-frères, Jerry, et dans une démonstration d'affection fraternelle, il se battit avec lui dans la rue. Les parents de Cook reçurent de la visite et ce n'est pas avant neuf heures trente, après le départ des invités, que Bobby Cook pénétra dans la maison.

Chez lui, il enleva le costume qu'il prétendait avoir donné à son père et, environ une heure plus tard, soit vers dix heures trente du soir, le jeudi 25 juillet, il dit avoir quitté Stettler et avoir conduit deux heures et demi pour se rendre à Edmonton dans la familiale de son père. Une fois arrivé, il se proposait d'échanger le véhicule, et prétendit que c'est dans ce but que son père lui avait donné son propre permis de conduire, les papiers d'immatriculation et les assurances. Le plan, dit Bobby, était de conclure le marché, de retourner à Stettler et d'attendre les instructions concernant le déménagement de son père en Colombie-Britannique. Ray Cook possédait un autre véhicule, un camion d'une demi-tonne, et, juste avant le départ de Bobby, il dit qu'il avait détaché la clé du camion du porte-clé de la familiale et qu'il l'avait donnée à son père.

Trois heures plus tard, vers une heure trente du matin, le vendredi 26 juin, des témoins prétendirent avoir vu d'abord Bobby au Frankie's Café, une gargote sur la rive sud d'Edmonton, et plus tard dans la matinée au Pig'n Whistle, Avenue Jasper, où Cook tomba sur un ex-détenu, Sonny Wilson. Les deux hommes cambriolèrent un nettoyeur et repartirent avec trente dollars. Après cela, Cook dormit quelques heures.

Après l'ouverture des magasins, à neuf heures, le vendredi, il partit en voiture chez Hook Motors, où il échangea la familiale pour une Chevrolet blanche décapotable Impala 59, avec des banquettes en cuir rouge, et des ailes en forme de V à l'arrière. Il dit au vendeur, Gerry Amoroso, qu'il s'appellait Ray Cook et qu'il était un technicien diesel de Stettler qui gagnait sept cent cinquante dollars par mois. Amoroso n'y vit que du feu mais au cours de la journée, après le départ de Cook au volant de sa nouvelle voiture, un vendeur découvrit l'escroquerie et appela la police.

Cook commença une virée épuisante. Il se rendit d'abord à Camrose où il prit des amis et où un agent de la GRC, Jack Bell, le réprimanda pour avoir fait un virage en U. Ensuite, il roula pendant environ quatre cents kilomètres, le samedi 27 juin, et se fit de nouveau arrêter par l'agent Bell, qui lui donna une contravention pour une infraction liée à l'alcool et qui lui dit de quitter la ville.

Cook poursuivit sa route jusqu'à Stettler et arriva juste avant le souper à la maison de ses parents. Il dit qu'il s'aperçut qu'ils étaient partis mais que dans la maison, il y avait quelques malles et une boîte de métal remplie de biens personnels. Croyant que ses parents étaient partis en Colombie-Britannique, Cook déclara avoir mis les valises et la boîte de métal dans le coffre de la Chevrolet et que peu de temps après, alors qu'il était près de Stettler, il tomba sur l'agent Braden, qui lui demanda de se rendre au quartier général pour voir le sergent Roach.

Il s'y rendit de son plein gré, sans escorte.

À partir du moment où l'on découvrit les corps le dimanche, Bobby Cook fut le seul suspect. Les policiers firent le rapprochement entre Bobby et le complet bleu taché de sang qu'ils trouvèrent sous le matelas de la chambre à coucher des parents. Au cours de l'interrogatoire qui suivit, Bobby tenta d'expliquer comment l'uniforme était arrivé là :

– Je l'ai donné à mon père.

– Pourquoi ?

– Il allait à Vancouver et il n'avait pas de vêtements convenables; le complet n'était pas en mauvais état et lui allait bien. Il est à peu près de la même taille que moi.

– Comment expliquez-vous que le portefeuille de votre père soit en votre possession ?

– À cause du permis de conduire et des papiers d'immatriculation de la voiture.

– Pourquoi en aviez-vous besoin ?

– Pour conduire la voiture à Edmonton.

– Où allaient vos parents ?

– En Colombie-Britannique.

– Et qui devait s'occuper des enfants ?

– Ils allaient les amener en Colombie-Britannique. Moi j'étais censé y aller. Je devais revenir ici mardi ou mercredi et attendre qu'ils m'appellent et me disent où je pouvais les rencontrer. C'est pour ça que je suis revenu.

– Qui savait que vous aviez donné de l'argent à votre père ?

– Personne, je crois.

– Cet argent que vous avez donné à votre père, est-ce que c'était uniquement du liquide ?

– Oui.

– Et qu'est-ce qu'il en a fait ?

– Il l'a mis dans la chambre et l'a pris quand il est parti en Colombie-Britannique.

– Mais il n'est pas allé en Colombie-Britannique.

– Je sais.

– Est-ce que vous lui avez dit d'où venait l'argent ?

– Non, mais il le savait.

– Est-ce que votre père est un homme honnête ?

– Oui.

– Est-ce qu'il aurait pris de l'argent volé ?

– En ce qui nous concerne, lui et moi, j'ai payé pour cet argent. J'ai fait mon temps.

– N'est-il pas vrai que vous avez mauvais caractère ?

– Non.

– Je pense que si !

– Je vous dis que non.

– Vous dites que vos rapports avec votre père étaient très amicaux ?

– Je n'ai pas dit très.

– Ils étaient comment alors ? Comment les décririez-vous ?

– Bien, la relation n'aurait pas pu être meilleure.

– Quelqu'un l'a tué !

– Je sais. Vous pensez que c'est moi. Vous pensez tous ça. Il n'a jamais rien fait de mal de sa vie. Un homme avec un cœur comme vous n'en avez jamais vu. On pouvait lui demander tout ce qu'on voulait et on l'avait.

– Est-ce qu'il avait des ennemis ?

– Ce n'est pas le genre à se faire des ennemis. Il est trop gentil.

– Alors pourquoi est-ce qu'on l'a tué ?

– Je ne sais pas.

Robert Rae Cook fut traduit en justice pour le meurtre de son père, Albert Raymond Cook, devant le juge Fred Biggs et fut envoyé dans un hôpital psychiatrique à Ponoka pour se faire examiner. Il demanda l'autorisation d'assister aux funérailles de sa famille. Quand on lui refusa cette permission, il s'évada de manière audacieuse :

UN HOMME SUSPECTÉ DE MEURTRE S'ÉVADE DE PONOKA

Un homme dangereux fait l'objet d'une chasse à l'homme.

Quatre avions, cent agents de la GRC et deux chiens policiers passent la campagne au peigne fin dans la région de Stettler à la recherche de Robert Raymond Cook, vingt-deux ans, accusé de meurtres en série, qui s'est évadé de l'institut psychiatrique de Ponoka, vendredi soir.

Cook, décrit comme extrêmement dangereux, a sauté d'une fenêtre après avoir brisé la vitre et arraché le treillis en métal…

ÉVASION D'UN PRÉSUMÉ TUEUR EN SÉRIE

La police étend sa chasse à l'homme pour retrouver un individu suspecté de meurtre.

Communiqué
Alix, Alberta. (CP) - La battue organisée pour retrouver Robert Raymond Cook, l'homme suspecté d'avoir commis des meurtres en série, s'est intensifiée lundi lorsque la GRC a découvert qu'une maison de ferme près de cette ville avait été cambriolée et que des armes à feu avaient été volées.

Tous les membres disponibles de la GRC ont été affectés pour retrouver Robert Raymond Cook, âgé de 22 ans. Cook était détenu pour inculpation de meurtre à la suite de l'assassinat de son père, de sa belle-mère et de cinq enfants...

Les compte-rendus de l'évasion que publient les journaux furent aussi sensationnels sinon plus que les reportages sur le meurtre d'origine. Le *Herald* de Calgary publia un éditorial qui faisait référence aux habitants du centre de l'Alberta, « qui tremblent de peur ».

Sous une photographie où posaient des femmes souriantes, fusils au poing, les enfants accrochés à leurs jupes, le *Herald* publia la légende suivante :

LE SUSPECT SÈME LA PEUR : Les résidents ont pris leurs fusils pour garder leurs foyers lorsqu'ils ont appris que Robert Cook de Stettler, suspecté de meurtre, s'était évadé de Ponoka. O.C. Cornelssen a sa carabine près de lui et verrouille ses portes. Il déclare « Je lui tirerai vite dessus et je le blesserai s'il s'approche. »

L'*Advocate* de Red Deer publia une édition spéciale pour la première fois depuis la fin de la Deuxième guerre mondiale. Les journalistes qui couvraient l'évasion reléguèrent la visite de la reine à Banff et au lac Louise en deuxième page. Les journalistes émirent l'hypothèse que Cook se dirigeait vers Stettler pour assassiner le Juge Fred Biggs. Les policiers et les forces armées, à grand renfort d'avions, d'hélicoptères, de jeeps et de chiens, dans ce qui devait être la plus grande chasse à l'homme de l'histoire de l'Alberta, finirent par capturer Cook quatre jours plus tard, le mardi 14 juillet. Épuisé, non armé, à demi nu, il se cachait dans une porcherie à moins d'une heure de l'endroit où il avait dit qu'il irait : au cimetière où sa famille fut enterrée.

Contrairement à ce que les médias prévoyaient, il se rendit sans résister.

« La police savait que je voulais me rendre aux funérailles, expliqua-t-il. J'ai écrit à mon avocat à ce sujet mais personne ne voulait me laisser y aller. Alors je me suis dit, s'ils ne me laissent pas sortir, je..., et il ne termina pas sa phrase. Je me suis rendu à la police près de Bashaw. »

Bobby Cook devint une célébrité à travers l'Ouest canadien.

Il était pratiquement impossible de choisir un jury qui n'avait pas entendu parler des meurtres ou de l'évasion spectaculaire de Bobby.

De son côté, la police avait ses propres théories concernant les meurtres. Le pathologiste conclut que les victimes qui se trouvaient dans la fosse étaient mortes depuis au moins vingt-quatre heures, mais pas depuis plus longtemps que soixante-douze heures. Comme on les avait trouvées juste avant midi, le dimanche matin, il fallait donc qu'elles aient été tuées entre onze heures du matin le jeudi 25 juin, alors que Bobby se trouvait encore à Edmonton, et onze heures du matin, le samedi 27 juin, alors que Cook roulait entre Whitecourt et Camrose. Étant donné que l'agent de la GRC Jack Bell avait vu Cook à Camrose le vendredi, et que les concessionnaires de voitures savaient qu'il se trouvait à Edmonton le jeudi, la police devait établir qu'il se trouvait sur les lieux du crime vers minuit, le jeudi 25 juin, à l'heure précise où Cook prétendait se diriger vers Edmonton, à deux cents kilomètres de là, ou qu'il s'y trouvait déjà, pour planifier son cambriolage du nettoyeur avec Sonny Wilson.

La piste unique que suivirent les enquêteurs et les informations sur lesquelles s'appuya la Couronne pour inculper Bobby Cook devait prouver qu'il avait assassiné sa famille après vingt et une heures trente, le jeudi 25 juin. Ce faisant, il tira trois coups de carabine à cent mètres du poste de police, matraqua ensuite cinq enfants à mort, sans que personne n'entende un son. La police et le procureur insistèrent en outre sur le fait que Cook avait jeté les corps lui-même dans la fosse du garage, puis que, vers cinq heures du matin, il avait conduit pendant deux heures et demi pour se rendre à Edmonton, où les premiers « témoins dignes de foi » le virent, pour la première fois, à huit heures du matin, le vendredi 26 juin.

Il semble que tout renseignement qui n'était pas conforme à la piste suivie par les enquêteurs ait été soit découragé, soit carrément écarté. Ainsi, la police apprit que deux mois avant que Bobby soit libéré du pénitencier de Prince Albert, il s'était battu pour protéger un jeune prisonnier des avances sexuelles d'un autre détenu, Oliver Durocher. Durocher frappa Bobby à la tête avec un bout de tuyau en métal, et lui infligea une blessure au cuir chevelu qui nécessita vingt-sept points de suture. Suite à cette agression, d'autres détenus qui étaient au courant de l'endroit où Cook avait caché ses quatre mille trois cents dollars, entendirent Durocher jurer qu'il se vengerait. Durocher fut libéré en même temps que Cook. Après que les meurtres eurent été commis, un inspecteur appartenant à la police de Vancouver apprit par un informateur que Durocher aurait pu savoir des choses à ce sujet. Après vérification, on apprit que Durocher se trouvait dans la région de Stettler au moment où les meurtres avaient été commis et la police devait admettre plus tard : « On avait l'intention de poursuivre l'enquête sur Durocher, mais on n'y a pas donné suite à cause de l'arrestation et de l'inculpation de Bobby Cook. »

Fait tout aussi curieux, la police omit de questionner en profondeur un pensionnaire de la résidence des Cook, Leonard Gurney, âgé de vingt-sept ans. Gurney, qui louait une chambre dans la maison des Cook, était un chauffeur de camion qui avait quitté Stettler trois jours avant que l'on découvre les corps (coïncidence ?), et qui se trouvait à Edmonton lorsqu'il entendit parler des meurtres. Bien que Gurney eut vécu pendant deux ans et demi dans une chambre de deux mètres quarante sur trois mètres, il prétendit n'avoir pas connaissance de la fosse qui se trouvait dans le garage.

Le plus troublant de tout est le propre rapport de la GRC. Après avoir fouillé la résidence des Cook à la recherche d'empreintes digitales, les agents rapportèrent : « Les portes et les fenêtres ont été vérifiées, et aucun signe de violence n'a été trouvé. On a relevé dix empreintes digitales pouvant servir à l'identification et on les a comparées aux empreintes des sept personnes décédées trouvées dans le garage attenant à la maison. Cinq empreintes ont été identifiées comme étant celles d'une femme adulte décédée, le corps numéro un. Une empreinte a été identifiée comme étant celle d'une petite fille, le corps numéro trois. *Les empreintes digitales comparées sur les lieux du crime à celles de Robert Rae Cook ont donné un résultat négatif.* » [C'est l'auteur qui met en italique].

Ce qui laisse quatre empreintes digitales. À qui appartiennent-elles ? Les policiers ne l'ont jamais dit ; ils n'ont dit à personne que ces empreintes existaient, ou à qui elles pouvaient bien appartenir.

Toute supposition que la défense aurait pu avancer à l'effet que Cook était un psychopathe ayant commis des meurtres dans un état de furie maniaque, se trouva rejetée par plusieurs psychiatres, dont le premier était le directeur de l'hôpital psychiatrique de Ponoka, le Dr Frank Edwards :

« Le sujet s'est montré coopératif, tout en manifestant une certaine anxiété concernant les procédures des tests auxquels il a été soumis. Le test des taches d'encre provoqua chez lui une intense anxiété. Il a commencé à trembler, ne tenant chaque carte que quelques secondes, pour la rejeter sur la table en disant « Je ne vois rien ». Cette réaction de « choc » en voyant une carte dénote le désir d'éviter du matériel menaçant, ou angoissant — … cependant, étant donné les circonstances dans lesquelles le sujet s'est retrouvé, il peut y avoir un retrait conscient et délibéré de tout type de matériel significatif, comme mécanisme d'autodéfense. Les réactions observées étaient généralement frustes et typiques d'une personnalité immature aux ressources limitées en ce qui a trait à la créativité. Il semble y avoir une certaine frustration envers ses besoins de dépendance, ayant pour résultat une attitude d'hostilité et une certaine aigreur. Il y a la présence de sentiments marqués d'infériorité que le sujet tente de cacher masquer en adoptant un air de bravade. Dans le domaine des relations interpersonnelles, le sujet tend vers l'isolement social, se retirant d'une façon plutôt froide et schizoïde, malgré ses besoins de dépendance. Il y a une certaine indication de narcissisme dans une de ses réponses.

Étant donné les limites du protocole selon lequel le test a été administré, il n'a pas été possible de dégager un type de personnalité défini, ni de trouver une réelle preuve de trouble psychotique.

Dans un rapport ultérieur, on put lire :

Je suis d'avis que M. Cook est mentalement sain. Au cours de son hospitalisation, il n'a montré aucun signe de maladie mentale ni par ses conversations, ni par ses actes. Son humeur assez maussade est sans doute attribuable à la situation dans laquelle il se trouve. L'examen psychologique confirme l'impression clinique qu'il est d'une intelligence moyenne. Un examen physique révèle un mâle en bonne santé. Des radiographies multiples du crâne sont dans les limites normales. L'électroencéphalogramme est normal. On l'a diagnostiqué comme « non psychotique » et apte à subir un procès.

À la fin du mois de novembre 1959 s'ouvrait le premier procès de Bobby Cook à Red Deer. Le juge Peter Greschuck présida dans une atmosphère de lynchage. L'avocat de Cook, Gifford Main, reçut une menace de mort au téléphone. On l'avertit que si Bobby s'en tirait, Main et sa femme « allaient être les prochains sur la liste. »

Main reçut la protection de la police.

Dans les circonstances, Cook n'aurait pu avoir l'air plus coupable. La Couronne monta un procès convainquant en se basant sur des preuves indirectes : le costume taché de sang découvert sous le matelas appartenait indéniablement à Bobby, le jeune homme avait frauduleusement utilisé la carte d'identité de son père pour acheter une nouvelle voiture et les biens personnels trouvés dans les deux valises et la boîte métallique dans le coffre de la voiture appartenaient aux victimes.

Mais on négligea les preuves qui furent présentées dans la salle d'audience. Trois témoins de la GRC donnèrent la preuve qu'on avait trouvé des fusils dans la maison des Cook. L'un dit qu'il y avait un calibre .22 et une carabine, le deuxième parle de deux calibres .22 et d'une carabine, et le troisième d'un calibre .22 et de deux fusils — et qu'aucune de ces armes n'était l'arme du crime.

Le policier Jack Bell témoigna qu'il avait vu deux petites valises et la boîte de métal dans le coffre de la Chevrolet quand il avait arrêté Cook à Camrose; un deuxième officier de police qui avait fouillé le coffre à la recherche d'alcool dit qu'il ne se souvenait pas du tout les avoir vus.

Un laitier déclara à la cour que Daisy Cook lui avait acheté des tickets pour le lait le jeudi, mais que quand il était passé le vendredi, « tous les stores étaient tirés. » Les photographies qui ont été prises indiquaient que le dimanche matin tous les stores des fenêtres étaient levés mais personne ne demanda qui aurait pu se trouver dans la maison le vendredi pour les lever.

De la même façon, on n'arriva pas découvrir ce qui était arrivé au *Herald* de Calgary du vendredi. En effet, on retrouva l'édition du vendredi dans la fosse. Celle du samedi était sur le porche en avant. Qu'était-il donc arrivé au journal du vendredi ? Là encore, il semblait qu'un individu autre que Robert devait se trouver dans la maison le vendredi et qu'il avait retiré le journal.

Deux ex-détenus confirmèrent l'alibi de Cook.

John Hugh Mitchell témoigna qu'environ une semaine avant leur sortie de prison, il avait vu une lettre de Ray Cook adressée à Bobby promettant la familiale à son fils une fois que Bobby sortirait de prison. Il dit aussi qu'il avait vu Cook à Edmonton au Frankie's Café, entre minuit et une heure du matin, soit le moment où la Couronne affirmait que les crimes avaient été commis. De même, Albert Victor « Sonny » Wilson reconnut que lui et Cook étaient responsables du cambriolage du nettoyeur Cosmo Dry Cleaners, où ils avaient volé un manteau, une bague en or et un peu d'argent liquide. Cependant, la preuve des témoins fut écartée, sous prétexte que des hommes avec des casiers judiciaires chargés ne pouvaient dire la vérité sous serment.

Malgré leurs casiers judiciaires, il est douteux que Wilson et Mitchell se seraient parjurés pour sauver la vie d'un « boucher ». Le meurtre de personnes innocentes est aussi répréhensible aux yeux de criminels endurcis qu'il l'est aux yeux de n'importe qui et il est peu vraisemblable qu'ils auraient tenté de sauver Cook s'ils avaient vraiment cru qu'il avait assassiné cinq enfants.

Après avoir passé dix jours dans la salle d'audience au cours desquels trente-sept témoins vinrent à la barre et quatre-vingt quatre pièces à conviction furent présentées, il fallut moins d'une heure et demi au jury pour examiner la preuve et conclure à la culpabilité de Cook.

Avant de prononcer sa sentence, le juge Greschuck demanda à Cook s'il avait quelque chose à dire.

– La seule chose que j'ai à dire, c'est que je ne suis pas coupable.

– Est-ce qu'il y a autre chose ?

– Non, monsieur. Je n'ai pas tué; je n'aurais pas pu faire une chose pareille.

– Cette cour vous condamne à être conduit au lieu de l'exécution le 15 avril 1960, où vous serez pendu par le cou jusqu'à ce que mort s'en suive.

Le verdict laissa l'avocat de Cook perplexe. Ses questions restées sans réponse au cours du procès remplissaient quatre pages d'un bloc-notes. La première circonstance inexpliquée était la présence d'un vieux fusil de cinquante ans. À qui appartenait-il ? Le pensionnaire de Cook, Leonard burney, dit qu'il n'a jamais vu l'arme dans la maison et qu'il n'avait aucune idée de sa provenance. Plusieurs autres témoins avaient déclaré que lorsqu'ils avaient vu Cook se promener dans Stettler le jeudi après-midi, il ne portait rien et qu'il n'aurait pas pu cacher une telle arme. Deuxièmement, il y avait la chemise blanche qui portait la marque de nettoyage ROSS. La chemise n'était pas à Robert et il était indigné que l'on aie pu insinuer qu'il aurait pu la voler. (Ça ne le dérangeait pas d'être traité de voleur, mais il ne tolérait pas qu'on dise qu'il est un petit voleur. « Je n'ai jamais volé de chemise de ma vie », murmura-t-il, d'un ton méprisant : c'est au-dessous de mon niveau. » Et ça l'était : Cook prétendait que le butin du cambriolage était si maigre qu'il le laissa tout à Sonny Wilson.) Troisièmement, comment une personne seule pouvait-elle assassiner sept personnes et cacher tous les corps elle-même ? D'un point de vue logistique, la chose était pratiquement impossible. « Il est inconcevable que Cook, sachant que la maison de ses parents se trouvait à proximité du quartier général de la GRC aurait pris le risque de tirer avec un fusil à minuit, écrivit Main, qui ajouta : De plus, le matin qui suivit les meurtres, Cook apparut calme et normal, il retourna à Stettler dans une voiture voyante et se rendit volontairement et sans escorte à la GRC quand on lui demanda de le faire. »

Main doutait aussi très fort que Robert avait eu un procès juste. « Une ambiance d'hystérie collective semblait s'être emparée des habitants du centre de l'Alberta et il est bien connu que dans certains cas les fermiers quittèrent leurs maisons pour se rendre en ville et que d'autres, armés, participèrent à la chasse à l'homme. »

Main fit appel devant la Cour d'appel de l'Alberta et par une décision de trois contre deux la cour offrit à Cook un deuxième procès. Ce ne fut pas Gifford Main qui défendit Bobby au cours du nouveau procès qui commença à Edmonton le 20 juin 1960, mais son associé, Frank Dunne. Le premier procès avait tellement épuisé et démoralisé Main qu'il se consola dans l'alcool.

Le second procès fut presque la copie conforme du premier. Un nouveau témoin, un dessinateur, Ervin Hugh Ross, déclara être descendu au Commercial Hotel, le même mercredi soir de juin, alors que Bobby s'y trouvait. La chemise découverte dans la chambre à coucher de Cook aurait pu être la sienne, ou pas. Ross dit qu'il ne lui manquait aucune de ses chemises.

Une preuve saisissante venant du pathologiste passa inaperçue au cours de la procédure. Le Dr Peter Davy témoigna en effet que selon son opinion d'expert, la famille Cook avait été assassinée *dans l'après-midi du vendredi*, soit environ au même moment où Bobby achetait sa nouvelle voiture. « Selon moi, les corps des victimes indiquent que la mort remontait *approximativement à quarante-huit heures* lorsque je les ai examinées le dimanche après-midi.

Maintenant, cela aurait pu être *plus ou moins six heures*, je ne sais pas. »

La Couronne changea rapidement de sujet et la défense ne poursuivit pas. Pourtant, si la famille Cook avait été assassinée dans le laps de temps que suggérait le Dr Davy, Cook était innocent.

Cook vint témoigner à la barre, mais il était déstabilisé par les tactiques de pression du procureur J.W. Anderson. Anderson réussit à faire passer Cook pour un boxeur brutal, alors qu'il se bagarrait innocemment avec son demi-frère âgé de neuf ans :

> – Vous êtes un bon boxeur, Bobby ?
> – Oui, Monsieur.
> – Vous savez vous défendre plutôt bien.
> – Oui, Monsieur.
> – Après être retourné chez vous pour voir votre famille, vous avez vu des visiteurs ?
> – J'ai rencontré mon petit frère Jerry en chemin.
> – Je vois, vous avez rencontré votre petit frère Jerry ?
> – Oui, Monsieur.
> – Alors pourquoi n'êtes-vous pas rentré à la maison avec lui ?
> – Parce que, monsieur, on a déconné et on s'est amochés…
> – Vous vous êtes amochés comment exactement ?
> – Bien, on s'est amochés comme quand on se bat.
> – Quand on se bat ?
> – Oui, Monsieur.
> – À terre ?
> – Je ne me souviens pas exactement si j'étais à terre, mais…
> – Ce garçon de neuf ans ?
> – Oui, Monsieur.
> – Et c'est vous qui nous dites que vous êtes un bon boxeur ?
> – Je ne boxais pas avec lui, Monsieur.
> – Votre frère de neuf ans vous avait amoché si salement que ça ?
> – Monsieur, vous ne comprenez pas, je ne pense pas…
> – J'essaie.

– C'est juste une façon d'exprimer son émotion, vous savez, je veux dire qu'on ne pouvait pas... qu'est-ce qu'on pouvait faire ? On ne pouvait pas se serrer la main, ou...

Ce second procès se termina par un verdict semblable au premier. Cette fois, le jury délibéra pendant moins d'une demi-heure avant de rendre sa décision.

Le juge Harold Riley condamna Cook à mourir par pendaison le 11 octobre 1960.

Le président du second jury, Henry Singer, devait reconnaître plus tard qu'il fut « choqué » d'entendre le juge prononcer la peine de mort. « Je pensais que Cook était fou, qu'il fallait être fou pour couper méthodiquement sa famille en morceaux. Je ne pensais pas qu'il serait pendu ! »

Si en toute conscience Singer croyait que c'était vrai, il ne fit aucune tentative pour convaincre le jury de recommander la clémence ou de voter l'acquittement pour cause d'aliénation mentale.

Un deuxième appel adressé à la Cour d'appel de l'Alberta fut rejeté et une demande de permission pour faire appel à la Cour suprême du Canada fut refusée sans qu'il soit donné de raison écrite, bien qu'un des cinq juges au courant de la requête ait été dissident.

Le seul espoir qui restait à Cook était que le Cabinet de Diefenbaker le gracie.

Alors qu'il attendait son exécution dans le quartier des condamnés à mort, à Fort Saskatchewan, il lisait beaucoup, surtout des romans historiques comme *Ben Hur* et *Cléopâtre*. Il aimait bien les intrigues policières, mais quand il commença à lire un des best-sellers de la saison, *Anatomie d'un meurtre*, il ne parvint pas à le finir. « J'ai ma dose d'énigmes en ce moment » expliqua-t-il.

Cook engagea aussi une correspondance inusitée avec une veuve de soixante-trois ans originaire de Streamstown, en Alberta, une femme qu'il n'avait jamais rencontrée mais qu'il appelait « maman ». Il s'agissait de Mme William Hanson, une médium convaincue que Bobby Cook avait été condamné à tort. Elle arriva à ces conclusions parce que Bobby avait été condamné à mort le jour de son anniversaire à elle; le premier appel de Bobby fut entendu le jour de son anniversaire de mariage et son dernier appel coïncida avec l'anniversaire du jour où son second fils, Clive, avait été tué en Italie, dans les tranchées, au cours de la Deuxième Guerre mondiale. Ce n'étaient que des coïncidences mais dans l'esprit de Mme Hanson, c'était une preuve « mystique » que Bobby était innocent.

Dans une des lettres que Cook lui envoya, on pouvait lire « je sens bien que je suis le bouc émissaire, qu'on se sert de moi pour me faire payer les pots cassés, que les gens me croient coupable ou non. C'est comme s'ils se disaient " il fera l'affaire jusqu'à ce qu'on ait quelqu'un de mieux. " Je ne suis pas complètement amer, mais je vais le devenir si je n'obtiens pas quelque justice sous peu. »

Cook reprit courage lorsqu'il apprit que le Premier ministre, John Diefenbaker, avait commué la sentence de Robert McCorquodale, un homme de Calgary reconnu coupable du meurtre d'une fillette de dix ans. Il avait violé et battu l'enfant à mort avec une bouteille de soda dans une église. Mais la commutation de peine de McCorquodale allait en fait décider de son destin. Face à la levée de boucliers qu'avait provoquée la commutation de McCorquodale, il n'aurait pas été sage que Diefenbaker épargne la vie d'un homme inculpé d'avoir commis des meurtres en série. On lui conseilla donc de ne pas risquer de provoquer des conséquences politiques au cœur même du bastion conservateur. L'argument de Douglas Harkness, quatre jours seulement après sa nomination comme Ministre de la Défense nationale, est un exemple typique du climat qui régnait au sein du cabinet. Dans une lettre adressée à Diefenbaker, Harkness écrivit :

> M. Gordon Ward, un supporter du parti, fait remarquer que la sœur de sa femme et sa famille sont les victimes de cette tragédie.
>
> Vous comprendrez qu'il règne dans ce foyer une grande anxiété. Le processus de notre justice a trouvé l'homme coupable, et en supposant qu'il est coupable, le fait de suggérer qu'il pourrait être libéré, ou qu'il pourrait tenter une autre évasion, aggrave et augmente l'anxiété de Mme Ward et de sa famille.
>
> M. Ward est certainement contre toute commutation et s'est vigoureusement exprimé à cet effet.
>
> Je vous écris directement parce que c'est un de vos électeurs, et qu'il existe encore, dans la province de l'Alberta, un sentiment d'animosité envers le gouvernement parce qu'il a accordé des commutations de peine dans le passé.

Dix jours plus tard, Terry Nugent, sénateur progressiste-conservateur pour Edmonton-Strathcona, offrit une tout autre opinion au Premier ministre. Les associés de Nugent étaient les avocats de la défense de Bobby Cook, Gifford Main et Frank Dunne, et Nugent écrivit à Diefenbaker non en tant que sénateur mais « en tant qu'avocat qui écrit à un autre avocat » :

> Mes deux associés sont des avocats très compétents et réalistes. Tous deux soulignent la nature entièrement indirecte de la preuve. Et tous deux se sentent très mal à l'aise que l'on ait reconnu cet homme coupable.
>
> Chacun de mes associés a le sentiment que nous allons peut-être pendre un homme innocent.
>
> C'est pour cette raison et à cause de leur peur réelle à cet égard que je vous demande de commuer la peine.

Il y avait de graves assertions des deux côtés et, pour donner à un cabinet indécis le temps qu'il faut pour les examiner, Cook se vit accorder un sursis d'un mois à l'exécution du jugement, soit jusqu'au 15 novembre.

Le 20 octobre, Cook demanda en personne une commutation de sa peine, dans une lettre adressée au Solliciteur général Léon Balcer.

Cher Monsieur,

J'ai l'honneur de vous écrire pour vous adresser personnellement un appel pour que la prérogative royale de grâce soit accordée dans mon cas. Mon appel, Monsieur, n'en est pas un de grâce pour le crime, mais a pour but d'obtenir le temps nécessaire qui permettra de révéler hors de tout doute mon innocence. Je me permets de soumettre respectueusement à votre attention, Monsieur, que quand les faits remplaceront les questions restées sans réponse et les conclusions, l'erreur de cette condamnation sera alors prouvée.

Monsieur, je crois fermement que la vérité va être connue. Pour moi, ce n'est qu'une question de temps. Un temps que je vous demande respectueusement et avec espoir de m'accorder, en commuant ma condamnation à la peine de mort.

J'ai expliqué sincèrement, avec la connaissance que j'en avais, les circonstances dans lesquelles on a conclu à ma culpabilité.

Je me suis porté volontaire pour subir le test du détecteur de mensonges qui prouvera si j'ai dit la vérité ou non. Je ne sais pas quoi faire de plus, Monsieur, à part demander que ma peine soit commuée et attendre patiemment la vérité qui selon moi doit éclater. J'ai pleinement confiance que vous porterez à cette affaire une attention minutieuse. Je vous en remercie beaucoup.

Votre dévoué,

Robert Raymond Cook

Il est peu probable que les autorités aient même pris en compte la lettre de Cook; le 11 octobre, William Brown remplaça Léon Balcer et devint le nouveau Solliciteur général. La lettre de Cook arriva directement au bureau de Balcer, dans le nouveau portefeuille dont il avait la charge au Ministère des Transports. La lettre y arriva le 24 octobre et de là fut remise au Ministre de la Justice David Fulton.

Un appel pour une commutation de la peine capitale fut également envoyé au Premier ministre du crédit social de l'Alberta, le ministre baptiste Ernest Manning, qui se montra beaucoup plus prudent que son homologue de la Saskatchewan. En effet, contrairement à Tommy Douglas qui était lui aussi ministre baptiste, Manning ne fit pas pour Cook ce que Douglas avait fait pour Jack Loran vingt ans plus tôt. « D'aucune façon je ne m'ingérerai ou n'interviendrai dans un procès comme celui-ci, qui a déjà été réglé en cour », répliqua Manning.

Se préparant à l'inévitable, Bobby commença à suivre une instruction religieuse d'un ministre luthérien, le révérend William Rumsch. Il fit don de ses yeux à une banque d'organes d'Edmonton et don de son corps à la faculté de médecine de l'université de l'Alberta. Le pasteur Rumsch, qui croyait à la peine de mort, croyait aussi qu'il existait un doute raisonnable sur la culpabilité de Cook. « J'ai vu le côté poli, agréable, courtois de ce jeune homme. En ma présence, il n'a jamais parlé grossièrement. Quelqu'un a dit de lui « Il aurait pu être membre d'un groupe de jeunes pratiquants. » Il m'a laissé une impression positive. C'était un gentleman, il n'était pas vulgaire, il ne donnait nullement l'impression d'être violent, revanchard ou méprisant. »

Cependant, dit Rumsch, « je ne profiterai pas de la situation pour bâtir un plaidoyer en faveur de l'abolition de la peine capitale. Je crois à la nécessité des peines sévères si les gouvernements veulent protéger le bien-être de l'État. Je ne suis pas prêt à dire si, dans le cas de Robert, le droit de l'État aurait dû prévaloir ».

Le psychiatre expert envoyé par le bureau du Solliciteur général d'Ottawa pour que l'on procède à la révision du jugement, le Dr J.P.S. Cathcart, fut hautement impressionné par Bobby Cook. Il rapporta : « Le prisonnier semble se comporter comme un garçon très sain. Est-ce que ce jeune homme avec son histoire et son sourire naturel est du genre à assassiner sa propre famille, puis à se tenir en cour avec naturel, alors qu'on surveille la moindre de ses paroles ? » Il écrivit cette note : « Il devient de plus en plus difficile de voir ce garçon comme l'homme qui a assassiné les membres de sa famille. »

Tout au long de l'été 1960, le gouvernement fut assiégé par au moins mille lettres provenant de toute l'Amérique du Nord, plaidant pour que Cook soit gracié. Elles furent conservées dans le dossier de son procès, à Ottawa. Mais le mémorandum envoyé au Cabinet par le bureau du Solliciteur général ignorait totalement les pétitions et les demandes qui circulaient : « Nous avons reçu un certain nombre de lettres, une qui critique la pratique de la commutation de peine en général et dans le procès de Cook en particulier, et quatre en faveur de Bobby Cook. »

Au début du mois de novembre, Mme Hanson écrivit à Bobby pour lui demander de se confier à elle. Qu'il soit coupable ou non ne faisait pas de différence; elle l'aimerait quand même. Mais pour sa propre paix d'esprit, elle voulait savoir si elle avait eu raison de lui donner sa confiance.

Le 14 novembre, dans la matinée, Bobby, dans ce qui devait être la dernière lettre de sa vie, écrivit :

Chère maman,

Je viens d'apprendre que l'exécution aura lieu ce soir.

Je veux que tu saches, maman, que ta foi en moi était une foi vraie qui n'a pas été mal placée.

Je suis innocent et ce soir, un meurtre sera commis au nom de la loi. Qui suis-je pour condamner ceux qui me condamnent, car aux yeux de Dieu, cela me rendrait aussi coupable qu'ils le sont.

Ceux qui me tuent ne valent sûrement pas mieux que le

chien enragé qui a assassiné ma famille, et je suis sûr que les assassins de ma famille et les miens, devront répondre de leurs actes devant Dieu. Je n'ai pas peur du tout de la mort car ceux qui ont foi en Dieu et qui sont injustement condamnés sont spécialement près de Dieu.

Je serai avec [votre fils] Clive et avec Dieu, qui connaissent la vérité et contre qui je n'ai pas à me défendre. Le péché suprême de prendre une vie, je n'en suis pas coupable et je sais que Dieu m'a pardonné mes autres péchés; j'en ai la preuve parce que je n'ai pas peur de ce qui va arriver, parce qu'Il m'a élevé au-dessus des choses physiques.

Au revoir, nous ne serons jamais séparés.

Bob.

Son exécution, qui eut lieu juste après minuit le lundi 14 novembre, fut particulièrement pénible pour un vieux gardien du Correctional Institute de Fort Saskatchewan, Walter Bilton, qui avait pu connaître Cook en prison. Il dit :

> Personne dans la prison n'a jamais dit de mal de Bobby. Je parle au nom de tout le personnel. C'était le garçon le plus gentil que j'aie jamais connu. D'allure soignée, toujours poli, rasé de frais, ses habits étaient toujours bien nets. Il était extraordinaire, le meilleur prisonnier que j'aie jamais eu. Sa mort est la chose la plus dure que j'aie eu à supporter dans ma vie. Le dernier soir, il a demandé à me voir pour me dire au revoir. Je ne voulais pas descendre parce que je ne croyais pas que j'en serais capable mais quand il m'a demandé, j'y suis allé. On lui avait déjà attaché les mains et il leur a demandé de le délier pour qu'il puisse me serrer la main. Je n'ai pas pu le supporter. Je suis sorti. S'il passait la porte maintenant, je le laisserais entrer, meurtrier ou pas.

La fin de Bobby fut si rapide qu'un gardien, Peter Patrick, qui se tenait à côté de Cook sur la potence, manqua de tomber dans la trappe avec lui.

Pendant environ douze minutes Bobby Cook resta pendu, ses pieds nus pointés vers le bas, en tournant très lentement au bout de sa corde. La mort fut prononcée à minuit et quatorze.

« Il est mort en vrai chrétien », dit le pasteur Rumsch dans son panégyrique. « Il n'avait pas de raison de ne pas me faire confiance et jusqu'à la fin. Il était obsédé par l'idée de prouver son innocence. »

À Streamstown, Mme Hanson ne se montra pas aussi charitable. Elle jeta un sort au Premier ministre Diefenbaker et à son cabinet. « Je suis amère qu'un garçon qui n'a jamais rien commis de haineux dans sa vie soit pendu. Il a fait tout ce qu'un garçon pouvait humainement faire pour laisser un souvenir qui nous rende fiers de lui. »

Dans les années qui suivirent, de nombreuses personnes confessèrent avoir tué la famille Cook; on ne les crut pas. Si Bobby Cook n'avait pas commis le crime, le temps ne fit rien pour établir son innocence. Mais Mme Hanson continue à attendre le signe qui, elle en avait la conviction, lui dirait qu'elle avait eu raison de placer sa foi en Bobby Cook.

Un signe arriva, à sa satisfaction.

Le gouvernement Diefenbaker connut crise sur crise; la démission des ministres entraîna la dissolution du Cabinet, et le gouvernement tomba en 1963. Trois ans plus tard, au cours de ce qu'on appellera dans l'histoire politique du Canada « la nuit des longs couteaux », John Diefenbaker fut destitué par son propre parti.

Il fit face aux heures les plus humiliantes de sa carrière dans la soirée du 14 novembre 1966.

C'était la date du sixième anniversaire de l'exécution de Robert Rae Cook.

Et personne n'arriva à convaincre Mme Hanson qu'il s'agissait là d'une simple coïncidence.

CHAPITRE 10

Ontario

Arthur Lucas et Ronald Turpin

À six heures cinquante-trois, le matin du vendredi 17 novembre 1961, Elizabeth Williams, la standardiste de Bell Canada à Toronto reçut un appel. Elle entendit la voix d'une femme effrayée qui criait : « Ne me tenez pas comme ça ! Laissez-moi partir ! » En écoutant avec une vive attention, Elizabeth Williams distingua alors un bruit qui ressemblait à une bagarre, puis le hurlement assourdi de la femme, qui s'écriait : « Pas ma gorge ! Ooooooh, ma gorge ! »

Un son plat et vide sur la ligne fut suivi d'un gargouillis. Elizabeth Williams devait dire plus tard que cela faisait penser aux « bruits que fait un bébé ».

Elle retraça l'appel à WA (Inut) 5 - 9478, un numéro inscrit sous le nom de J. Rochelle, 116 Kendal Avenue dans le quartier Bloor-and-Bathurst de Toronto. Elizabeth Williams envoya avec inquiétude une voiture de police à l'adresse en question, mais l'agent comprit mal l'adresse et se rendit au 116 Kendale Drive à la place, à une demi-heure de distance, en direction opposée.

C'est un facteur, Francis MacGuire, qui découvrit le corps d'un homme noir à sept heures et trois minutes du matin. L'homme, qui portait un boxer-short, était étendu dans le hall de la pension de l'avenue Kenda. Cinq minutes plus tard, le propriétaire de l'immeuble, Sygmant Turlinski, trouva le corps nu d'une femme noire sous une pile de draps et de couvertures, dans une chambre à l'étage.

Quarante minutes après avoir été envoyés sur les lieux, les policiers arrivèrent. Ils identifièrent la victime mâle comme étant Therland Crater, un souteneur noir de Little Rock, en Arkansas, qui vivait maintenant à Détroit.

Six jours plus tôt, il avait célébré son quarante-quatrième anniversaire. La femme qui serrait encore le combiné du téléphone dans sa main, était une prostituée âgée de vingt ans, Carol Ann Newman. Elle faisait la rue sous un faux nom, Jean Rochelle. Quinze heures auparavant, on l'avait relâchée de la prison de Don, où elle avait passé cinq jours en attendant que sa caution soit postée, pour plusieurs inculpations reliées à la prostitution. Elle avait la gorge tranchée. L'incision nette et précise allait d'une oreille à l'autre. On avait aussi tranché la gorge de Crater après lui avoir tiré trois balles dans le dos avec un revolver de calibre .38.

La nouvelle circula que Crater avait été tué par un membre de la pègre du Michigan, Gus Saunders, qui venait de se faire brûler dans une mauvaise affaire de drogue. On racontait aussi que Newman s'était trouvée dans le mauvais lit, avec le mauvais homme et au mauvais moment. Dans les couvertures et les draps imbibés de sang, la police trouva un indice du meurtre : une lourde bague en or montée avec huit faux diamants.

Il fallut moins de vingt-quatre heures au sergent détective John Webster et au sergent John Bassett de la police métropolitaine de Toronto pour reconstituer la séquence des événements qui s'étaient soldés par un double meurtre. Crater, que l'on surnommait dans le milieu « Chekerboard » était connu de l'escouade des mœurs. Il avait dans son casier une longue liste d'arrestations aux États-Unis. Mais en 1960, il devint une « balance », un informateur qui travaillait avec le Bureau fédéral des narcotiques. Il était aussi censé être un témoin direct contre Gus Saunders dans un procès pour trafic drogue qui devait avoir lieu sous peu.

Un homicide commis dans le milieu met en circulation des informations incriminantes et très dangereuses. Ceux qui sont au courant de ce qui se passe subissent des pressions pour parler; les amis de la victime ou du tueur sont liés par la loi du silence mais eux aussi ressentent le besoin de parler à quelqu'un et ce quelqu'un finit toujours par parler. À partir des renseignements recueillis dans la rue, l'enquête se déplaça à Detroit, où la police avait effectué l'arrestation de neuf suspects pour les interroger en rapport avec les meurtres de Toronto, y compris Saunders, sa femme Eloise et un des hommes de Saunders, Morris « Red » Thomas, également connu sous le nom de « Polkadot. »

« Polkadot » parla.

Il dit qu'il s'était rendu récemment à Chicago en compagnie d'un homme qui faisait parfois des boulots pour des truands. Il identifia l'homme comme étant Arthur Lucas. Lucas, dit-il, avait réussi à acheter de l'héroïne et s'était rendu à Toronto pour la vendre. Il avait emprunté le véhicule de Gus Saunders, une Buick rose et l'avait conduite au Canada le 16 novembre « pour affaires ». Le jour où les meurtres furent été commis, Thomas prétendit avoir reçu un appel téléphonique de Lucas à Toronto. Lucas lui dit qu'il ne pouvait pas contacter le type qu'il était censé rencontrer et que de toutes façons, il allait rester dans les parages pour voir s'il pouvait faire une meilleure affaire.

Le détective Paul Gyetvai, de la police de Détroit, connaissait Lucas et le décrivit comme « un drôle d'oiseau », un homme redoutable. Lucas était né à Cordle, en Georgie, le 18 décembre 1907 (même s'il a toujours dit à la police qu'il était né à Daytona Beach, en Floride, trois ans plus tard). Son père, Ed, était cantonnier et mourut d'une pneumonie quand Lucas avait trois ans; sa mère, Susan, mourut de la typhoïde quand il en avait sept.

Lui, ses deux frères et une sœur, furent élevés à Byronville, en Floride, par un oncle et une tante qui étaient métayers. Il abandonna l'école en sixième année et alla travailler dans une filature. Jeune adulte, Lucas, qu'on surnommait Slim apprit à gagner sa vie dans la rue : jeu, drogue, faux et prostitution. Au début des années 30, il fut condamné à trois mois de prison à Leavenworth pour vol à main armée.

Les rapports de prison de l'époque le décrivaient ainsi : « faible d'esprit, psychopathe, névropathe, anti-social, agitateur. Une personnalité faible et dépendante qui s'était formée au cours d'une vie absente de surveillance et de discipline, une vie marquée par un long passé criminel et une attitude déficiente, hostile à toute autorité constituée. »

Lucas a un Q.I. de 63, une intelligence limite.

Malgré ce que les autorités disaient de lui à Levenworth, sa dernière inculpation remontait à 1942, après qu'une prostituée, Geneva Watson, eut porté plainte contre lui. Elle avait passé douze clients, gagné cinquante dollars dont trente-huit dollars et soixante-quinze cents étaient allés à Lucas. Après cet incident, Lucas se tint tranquille et n'eut plus de démêlés avec la justice pendant vingt ans.

En novembre 1953, il épousa une prostituée, Dolores Chipps, une femme noire originaire de London, en Ontario. Elle avait eu onze avortements avant de décider qu'elle voulait garder l'enfant de Lucas. Après la naissance du garçon, Lucas mit sa femme à la porte, et se mit en ménage avec une autre prostituée du nom de Lillian Boykin.

Dolores parla aussi.

Elle fut amenée à Toronto sous la protection de la police et déclara aux détectives que son mari était le meurtrier. Elle explique qu'elle avait souvent essayé de quitter Lucas à cause de sa liaison avec Lillian Boykin mais qu'elle ne pouvait pas rester éloignée de lui.

– Pourquoi ne pouviez-vous pas rester éloignée de lui ? »
lui demanda-t-on.

– Parce qu'il me courait après et je retournais avec lui, et
il me mettait à la porte de l'appartement. Je ne suis jamais
retournée chez moi quand elle [Boykin] était là.

– Alors vous ne reveniez pas de votre propre gré ?

– Il me sautait dessus avant.

– Est-ce qu'il vous a déjà agressée avec un couteau ?

– Non, il ne m'a jamais blessée au couteau mais il me frappait avec des chaînes, des bâtons de baseball, tout ce qui lui
tombait sous la main. La plupart des cicatrices que j'ai sous les
yeux sont des marques de bagues. Il me frappait quand il
avait ses bagues.

– Il vous frappait avec sa bague et c'est ce qui a causé cette
blessure ?

– Bien, je lui ai acheté une bague à sa sortie de prison,
quand il est revenu à la maison, un petit diamant, et je ne sais
pas, il a dit qu'il l'avait perdu, je crois. Je ne sais pas ce qui est
arrivé. Mais après ça, il portait une bague, une grosse. Je ne
sais pas où il l'a eue mais elle était grosse. Mais il ne m'a
jamais, vous savez ce que je veux dire… il ne m'a jamais frappée avec celle-là.

Une grosse bague en or avec plusieurs diamants dans une
monture carrée.

– Est-ce que vous avez acheté une bague comme ça pour
Luke ?

– Non.

La police la questionna ensuite sur les événements du
vendredi 17 novembre 1961. Dolores dit que son mari était
venu chez elle « et qu'il semblait nerveux et surexcité ».

– Je lui ai demandé, j'ai dit : « Qu'est-ce qui ne va pas ? »
et il a dit : « Assieds-toi et ne dis rien. » Il a ajouté : « Je viens,
je viens juste de tuer deux personnes. »

– Quand il vous a dit « Je viens de tuer deux personnes »,
lui avez-vous demandé qui, ou est-ce qu'il vous l'a dit à ce
moment ?

– Je lui ai demandé. J'ai dit : « Alors, c'était qui ? ». Il m'a
dit, il a fait : « Tu ne les connais pas. » Puis il m'a dit où ça
s'était passé.

– Où a-t-il dit que ça s'était passé ?

– À Toronto.

– Et est-ce qu'il a dit les noms des gens ?

– Il a dit que l'homme était Crater. Il n'a pas dit le nom de la fille.

– Est-ce qu'il a mentionné autre chose ?

– Il a dit qu'il ne voulait pas lui faire du mal, parce qu'il ne savait pas qu'elle était dans la maison, jusqu'à ce qu'elle se mette à hurler. Il a dit « La seule chose qui m'inquiète, c'est que j'ai perdu ma bague dans le lit. »

Dolores rapporta également à la police les paroles de Lucas selon lesquelles Crater avait doublé Sanders dans une affaire de drogue, il « allait le payer ». Mais elle poursuivit en disant : « À ma connaissance, Luke ne s'est jamais battu avec un homme. Bien sûr, on dit qu'un homme qui bat une femme ne se battra pas avec un homme, il ne saura pas comment. »

Dolores dit que ce vendredi-là, quand Lucas était rentré chez lui, il s'était lavé soigneusement pour enlever le sang qu'il avait sur lui; il avait rincé un short taché de sang dans un seau, et qu'elle avait encore le seau d'eau en question. Des échantillons de cette eau contenaient effectivement du sang humain dilué.

Dolores conduisit les policiers à la maison de Lillian Boykin, au 5132 Gurns Avenue à Detroit, et c'est là qu'ils procédèrent à l'arrestation de Lucas, juste avant quatre heures du matin, le 18 novembre.

Pendant que l'on ramenait Lucas à Toronto, Marjorie Haley, une touriste qui se rendait en voiture avec sa mère en direction de Niagara Falls, aperçut un revolver calibre .38 sur une passerelle de Burlington Skyway, un pont que Lucas avait dû traverser en se rendant de Toronto à Détroit. La balistique révéla que l'arme appartenait bien à Lucas et que les traces de poudre relevées sur sa main droite, entre le pouce et l'index, suggéraient qu'il aurait pu effectivement se servir de l'arme trouvée sur le pont.

Lucas admit avoir rendu visite à Therland Crater mais nia l'avoir tué, lui, ou sa petite amie. Il déclara que lui et Crater étaient de vieux amis, qu'il était passé le voir au sujet d'une fille qu'il connaissait et qu'il voulait placer dans une des maisons closes de Crater, à Détroit. Lucas dit qu'il avait emprunté un peu d'argent à Crater et qu'il lui avait laissé sa bague en garantie. Il ajouta qu'il avait quitté Kendal Avenue juste avant six heures du matin, qu'il avait pris son petit-déjeuner dans un café chinois et qu'il avait quitté l'Hôtel Waverley vers sept heures.

Il engagea Ross MacKay, un jeune avocat criminel de vingt-neuf ans pour le défendre. Quand il ne pratiquait pas le droit, MacKay écoutait du jazz et buvait beaucoup. C'était un idéaliste qui utilisait son argent pour faire sa propre enquête dans les ghettos noirs de Détroit, où on le considérait comme un « avocat bidon » et non comme un détective.

MacKay revint, convaincu qu'un certain nombre de gens avaient menti à la police, y compris Dolores Lucas. Il dit que c'était un tueur à gages qui avait filé Lucas lors de son voyage à Toronto, qu'il avait attendu dehors que Lucas quitte l'appartement de Kendal Avenue, et qu'il avait assassiné Crater et Newman en laissant Lucas payer les pots cassés.

MacKay partageait l'évaluation du Dr Devan Mooney, directeur du département de psychologie à l'hôpital général d'Ottawa : « Lucas est un déficient mental qui n'a pas assez d'intelligence pour planifier quoi que ce soit. Il n'est qu'un instrument mais il y a en lui beaucoup d'anxiété. »

Le 30 avril 1962 eut lieu le procès de Lucas, accusé du meurtre de Therland Crater. C'est le juge de l'Ontario, James McRuer, qui présidait. Le surnom de ce juge était « Hanging Jim » à cause du nombre élevé de condamnations à mort qu'il avait prononcées au cours de sa longue carrière dans la magistrature.

L'acte d'accusation fut présenté par Henry Bull (taureau en français), procureur qui portait bien son nom. Bull
était un avocat chevronné qui versait dans la théâtralité et
l'intimidation. Il fit comparaître cinquante témoins et, dès
le début, entreprit de convaincre un jury exclusivement
constitué de Blancs que Lucas appartenait à une sousespèce de l'humanité.

Bien que Lucas soit jugé pour le meurtre de Therland
Carter, Bull présenta comme une des pièces à conviction
de la Couronne les couvertures jetées sur le cadavre de
Carol Ann Newman. MacKay fit objection, alléguant que
son client n'était pas jugé pour le meurtre de Newman, et
que les couvertures n'étaient pas une preuve pertinente.

« Il n'y avait pas d'air climatisé dans la salle d'audience,
se souvient MacKay, le temps était chaud et humide.
L'odeur fétide du sang séché était suffocante et levait le
cœur à tous ceux qui se trouvaient dans la salle d'audience.
On peut dire que cette puanteur a privé Lucas de son droit
à un procès équitable. »

La procédure porta principalement sur la présentation
de la preuve technique. Harold Alfulris, du bureau scientifique de la police de Detroit témoigna que les taches de
sang qu'on avait trouvées sur la poignée de la portière
droite et sur l'accoudoir droit de la voiture que Lucas
conduisait étaient du groupe B, un groupe sanguin très
courant chez les Noirs. Il témoigna aussi que les rognures
d'ongles trouvées dans la voiture confirmaient les tests
sanguins. John Funk, un biologiste qui travaillait au laboratoire du Procureur général de l'Ontario dit que les
échantillons de sang trouvés sur les lieux du crime étaient
également du groupe B.

La défense n'avait que trois témoins : la petite amie de
Lucas, Lillian Boykin, la sœur de Lucas, Lizzie, et Lucas
lui-même.

Boykin déclara à la cour qu'elle avait fait le trottoir pour Carol Ann Newman, et que Lucas et Crater étaient des amis proches. La sœur de Lucas, Lizzie, dit qu'elle savait que son frère vivait de la prostitution mais qu'à sa connaissance, il n'avait jamais été impliqué dans le trafic de drogue. Puis ce fut au tour de Lucas de témoigner pour sa défense.

Il nia toute association avec Gus Saunders, nia faire du trafic de drogue et répéta qu'il n'était pas coupable de meurtre. Il se montra particulièrement franc sur la façon dont il gagnait sa vie. Le juge qui interrogea Lucas montra une certaine lubricité dans l'intérêt qu'il portait au commerce complexe de la prostitution.

« Vous dirigez des bordels ! » affirma la Couronne à un moment donné.

« Je n'ai jamais dirigé de bordel, nia Lucas. J'étais engagé pour placer des filles. »

C'est ici que commença l'interrogatoire proprement dit.

– Qu'est-ce que vous voulez dire par : « engagé pour placer des filles ? »

– Et bien, votre honneur, répond Lucas candidement « Une fille dans la prostitution. Vous devez aller voir le type qui dirige une maison de prostitution pour lui demander si la fille peut travailler chez lui. S'il est d'accord pour que la fille travaille là, c'est ça qu'on appelle « placer dans un lieu de travail ».

– Est-ce que vous avez gagné de l'argent en faisant ça ?

– Oui, monsieur, j'en gagne.

– Combien d'argent ? Beaucoup d'argent ?

– Parfois oui, un bon montant.

– Comment le touchiez-vous ? Est-ce que vous l'obteniez des filles ?

– Chaque fois qu'elle venait à la maison, elle apportait l'argent qu'elle avait gagné et elle le donnait à son homme.

– C'est de vous que je parle, répliqua McRuer, exaspéré. Je ne comprends pas du tout comment vous obtenez l'argent. Si une fille se rend dans une maison avec un homme et que cet homme la paie, alors est-ce qu'elle vous doit à vous une portion de l'argent ? »

Ross MacKay ne comprenait pas le rapport qu'il pouvait bien avoir entre les détails sur le racket de la prostitution qui intéressaient le juge et un procès pour meurtre. Lorsqu'il s'adressa au jury, MacKay demanda « si le meurtre de Crater par un tueur à gages qui guettait le départ de Lucas de la maison n'était pas en fait plus vraisemblable, voire plus probable, que l'idée voulant que l'accusé décide soudainement, sans raison prouvée, de tuer son vieil ami puis de s'y prendre d'une façon aussi ridicule ? »

Son plaidoyer ne souleva aucun doute dans l'esprit des jurés. En effet, après avoir examiné l'ensemble des preuves indirectes pendant près de cinq heures, le verdict rendu en fut un de culpabilité, sans avis en faveur d'une commutation. Le juge McRuer ordonna que Lucas soit pendu le 19 octobre 1962.

Lucas écouta sa condamnation sans dire un mot. Plus tard, il fit la remarque : « Mon avocat ne s'est pas battu. Il buvait. Il sentait l'alcool. On pouvait le sentir clairement à travers la salle d'audience. »

Lucas partagea la potence avec Ronald Turpin.

Turpin avait vingt-huit ans, c'était un homme aux yeux écarquillés, nerveux comme un furet, dont la philosophie était de ne jamais porter d'arme, parce que « ceux qui se servent d'un fusil périront par le fusil ». Mais le 12 février 1962, juste après minuit, Turpin enfreignit son propre code en se servant d'un Beretta calibre .32 dans un duel avec un agent de police du Toronto métropolitain, Frederick Nash.

Nash arrêta le camion que conduisait Turpin lors d'une inspection de routine au coin de l'avenue Danforth et de

Dawes Road, dans East York. Les deux hommes échangè-
rent des coups de feu et furent tous les deux blessés. Dans
l'ambulance qui les conduisait à l'hôpital, l'agent Nash
semblait sur la défensive. Il grommela : « Il a tiré le premier ! Rappelez-vous, il m'a tiré dessus en premier. »
Quelques heures plus tard, une semaine avant son trente-
deuxième anniversaire, Nash mourut sur la table d'opération. Une balle de calibre .32 avait déchiré la région cen-
trale de sa poitrine à droite du sternum, traversé le lobe
supérieur du poumon gauche pour aller se loger près de
la sixième côte.

Nash fut un des onze policiers assassinés au Canada en
1962, une année « record » pour le meurtre d'agents des
forces de l'ordre. Comme dans le procès de Henry
Malanik (cf. chapitre 5), le public n'avait aucune sympathie pour quiconque était suspecté d'avoir tué un agent de
police. Et à cause de la personnalité et du passé de Turpin,
personne, à part son avocat Ross MacKa, — le même qui
avait défendu Arthur Lucas —, personne ne pensait que
Turpin disait la vérité.

Ronald Turpin était né le 29 avril 1933. Sa mère était,
pour reprendre ses termes, « une fille de party » qui mettait au clou les biens de la famille pour s'acheter de l'alcool. Son père était chef de train pour le C.P.R.

Un de ses plus vieux souvenirs était celui de sa mère
qui rapporta à la maison plusieurs chatons et en fit choisir
un à Turpin. Comme le garçon hésitait, elle tassa tous les
animaux dans un sac et tira Turpin à sa suite pour qu'il la
regarde jeter le sac miaulant du haut d'un pont dans le
fleuve. Turpin dit aux psychiatres que son enfance était pleine
de souvenirs d'ordre sexuel, que sa mère le taquinait souvent
au sujet de son pénis, et que lorsqu'elle était soûle, elle mena-
çait souvent de le trancher avec un couteau. (Sa mère mourut
en 1952, le jour de son trente-neuvième anniversaire.

Saoule, elle portait une caisse de bière et se fit renverser par une voiture en traversant la rue.)

Selon son psychiatre, W. Arthur Blair, les premières années de Turpin avaient été « chaotiques, dénuées de conseils, d'affection, dominées par des parents instables, querelleurs et violents. Conséquence : Turpin avait développé une personnalité de psychopathe. Il était d'ailleurs remarquable que des psychopathes de son genre aient réussi à éviter une incarcération à long terme, et Turpin en était un bon exemple. »

À douze ans, Turpin surprit son père, un homme généralement sobre, au lit avec « une femme qui avait l'air plutôt grosse et négligée ». Le comportement adultère de sa mère ne l'étonnait plus, mais quand il apprit que son père était infidèle, il fut déçu.

À treize ans, on le plaça dans une famille d'accueil, où il fut confié à une femme qu'il décrivit comme fétichiste. Elle le baignait constamment et le bordait dans son lit. Elle lui faisait peur et il disait à ses travailleurs sociaux qu'il n'aurait « jamais voulu être seul avec elle ». On le plaça dans d'autres familles d'accueil où il fit face à des mésaventures semblables. C'est ainsi qu'il se retrouva en compagnie d'un garçon de dix-huit ans et de deux adolescentes. Le garçon était selon lui « habitué à avoir des rapports sexuels avec une vache » et les deux filles « lui firent des avances », et il dit qu'il « ne fit rien pour les en empêcher ». Bien qu'il n'admit pas avoir eu d'activité homosexuelle, il déclara : « La vie m'a appris à ne jamais faire confiance à une femme. » Turpin ne se maria jamais, mais alors qu'il était encore dans la vingtaine, il eut deux enfants, un fils, avec lequel il resta en contact, et une fille, qu'il ne se donna pas la peine de connaître.

Turpin abandonna l'école en huitième année pour travailler comme vendeur dans une bijouterie d'Ottawa jusqu'à ce qu'on l'accuse de voler dans la caisse; il fut renvoyé.

(Le secrétaire du patron devait être plus tard reconnu coupable du vol, mais Turpin ne fut pas réengagé.) Il se retrouva dans des emplois différents, travaillant comme journaliste, ouvreur dans un cinéma et chauffeur de taxi. Son premier accrochage sérieux avec la justice se produisit en 1951. Il vola une voiture et fut condamné à passer dix-huit mois au pénitencier de Kingston. Pendant qu'il était en prison, une émeute éclata au cours de laquelle cinquante prisonniers dont Turpin, furent punis. On les força à courir nus devant les gardiens de prison le long d'un corridor au sol jonché de verre cassé. Il avait dix-neuf ans à l'époque.

Après sa libération, Turpin vola une autre voiture, imita des chèques et s'échappa plusieurs fois de prison où il atterrit pour de courts séjours entre 1953 et 1957. En 1957, il passa trois mois derrière les barreaux pour inculpation de vol à main armée parce qu'il ne put rassembler le montant de sa caution. Il fut finalement acquitté.

Le 25 octobre 1961, Turpin arriva en grande forme à un *party*, au 222 rue Wellesley, organisé par Della Naomi Stonehouse, une prostituée connue sous le nom de Della Burns. Cette dernière, une femme à l'allure sculpturale qui ne semblait pas trop ravagée par son travail, était sous surveillance policière parce qu'elle était le personnage clé d'une enquête portant sur le meurtre d'un revendeur de drogues, Lorne Gibson, commis un an auparavant. On avait retrouvé Gibson mort dans une allée de Toronto, avec trois balles dans la tête. La police, qui l'avait arrêté pour agression sur la personne de Della Burns, crut qu'il avait été tué parce qu'il tentait de faire déménager un *racket* de jeu de Vancouver à Toronto [1].

Le soir du *party*, peu après minuit, Della Burns, entendit sonner à sa porte. Elle alla ouvrir et se retrouva face à un inconnu qui sortit un revolver et tira deux coups qui ne les atteignirent ni l'un ni l'autre. Turpin, dit-elle, vint à sa rescousse et parvint à désarmer l'agresseur.

« Débarrassons-nous de ce truc et allons-nous en d'ici », s'écria Turpin en empoignant sa petite amie, Lillian White. Ils se hâtèrent vers une porte arrière juste au moment où une camionnette de police arrivait à l'entrée. De la vingtaine d'invités du *party*, dont la plupart se trouvaient dans une pièce proche de l'entrée quand les coups de feu éclatèrent, un seul contredit la version de Burns. Il s'agit de Frank Benson, le propriétaire d'un bar gay qui était resté ouvert après l'heure de la fermeture, le Juke Box Club. Benson avait tout intérêt à collaborer avec la police.

Il identifia Ronald Turpin comme le bandit armé.

La police semblait croire que l'arme qui avait servi à tirer les deux balles au cours du *party* était la même que celle utilisée dans le meurtre de Gibson. Ils voulurent le revolver. Le lendemain matin, un mandat d'arrêt fut émis contre Ronald Turpin, l'accusant d'avoir tiré avec une arme à feu avec l'intention de causer des blessures.

Dans les semaines qui suivirent, la police traqua Della Burns, la questionnant trois ou quatre fois par semaine. Au début, Burns se plaignit du fait que le sergent-détective Wallace Harkness avait dit à Della que si Turpin ne se rendait pas, il l'inculperait de tentative de meurtre. Harkness, dit-elle, lui avait aussi dit qu'il y avait vingt-six agents de police sur l'affaire, avec l'ordre de tirer sur Turpin à vue si jamais il mettait sa main dans ses poches, et dix autres policiers qui n'avaient pas besoin d'ordres pour tirer.

Si Turpin avait tenté de tirer sur Della Burns pendant le *party*, elle lui témoignait une loyauté tout à fait remarquable. Elle l'aida, lui et Lillian White, à se cacher, d'abord près de Sudbury puis à Buffalo.

Elle retransmit aussi à Turpin ce que la police lui avait dit. Turpin téléphona au détective John Fallis.

– Nous savons que vous avez le revolver, pourquoi ne vous rendez-vous pas ? demanda Fallis.

– Je ne vous apporte pas le revolver : je ne veux pas être arrêté comme un voyou.

– Ça prendra le temps qu'il faudra, trois mois, six mois, mais je finirai par vous avoir, et à ce moment-là, vous n'aurez aucune chance, lui fit Fallis en le narguant.

– Si c'est ça que vous voulez, John, je n'y peux rien, n'est-ce pas ? Je suppose que je vais devoir courir ma chance.

Puis il raccrocha.

Turpin était plus effrayé par la police qu'il ne l'avait jamais été. Et cette peur se transforma en complexe de persécution. D'après ce qu'on lui avait dit, il ne faisait aucun doute que les policiers tireraient à vue s'ils réussissaient à l'attraper. Il décida donc d'utiliser une série de prête-noms. Lui et White s'arrêtèrent incognito dans des hôtels et des motels au Canada et aux États-Unis. Pendant trois semaines, il travailla même comme vendeur de meubles à Buffalo. Mais au cours du réveillon de 1961, lui et sa petite amie rentrèrent de vacances et se retrouvèrent à Toronto. À la fin du mois de janvier 1962, sa photographie fut affichée dans chaque poste de police de la ville. Turpin était devenu un des criminels les plus recherchés de Toronto.

Au début du mois de février, Lillian White acheta une camionnette d'occasion, une épave avec un phare salement endommagé. Elle et Turpin avaient planifié d'aller dans le nord de l'Ontario pour quelque temps. Lillian White, qui avait caché le revolver dans une salle de lavage de son immeuble, situé rue Isabella, le retira de sa cachette et le glissa sous le siège avant du véhicule. Elle avait l'intention de jeter le revolver pendant leur voyage vers le nord.

Le soir du dimanche 11 février 1962, Turpin et White passèrent les voir pour prendre un verre d'adieu en compagnie de Della Burns. Peu après minuit, Turpin sortit chercher de l'argent pour le voyage. Il entra par effraction dans un restaurant, le Red Rooster, et vola six cent trente-deux dollars et quatre-vingt-quatre cents. Comme il s'engageait sur Danforth, Turpin ignorait qu'une voiture de police l'avait pris en filature. L'agent Nash, qui se trouvait à l'extérieur de sa juridiction, n'était pas au courant du cambriolage qui venait d'avoir lieu au Red Rooster. Il décida de faire arrêter la camionnette soit parce qu'elle était en mauvais état (le volant était lâche et il pouvait soupçonner le chauffeur d'être en état d'ébriété) soit parce qu'il avait reconnu Turpin au volant.

Quelles que soient les raisons de Nash, Turpin s'arrêta et s'identifia comme étant Orval Penrose. L'impression qu'il fit à Nash alarma le policier, qui lui ordonna de sortir du véhicule.

Leonard Boreham se trouvait à environ soixante-dix mètres de là, dans son taxi stationné du côté sud de Danforth. Boreham était en train de lire. Il interrompit la lecture de son journal en entendant un bruit qu'il prit pour un raté. Boreham leva les yeux et vit deux hommes en train de se bagarrer, pris en sandwich entre une camionnette et une voiture de police, de l'autre côté de la rue. Il les vit apparaître et disparaître de l'arrière de la camionnette, puis il vit l'un des deux hommes, un policier, qui titubait au milieu de la rue, tomba sur les genoux et s'effondra par dessus les rails de tramway. Le deuxième homme, une figure vacillante, se dirigea vers la voiture de police et entra à l'intérieur.

Boreham remit le contact, fit un virage en U et roula à toute vitesse en direction du poste de police le plus proche.

Presque au même moment, l'agent John McDonnell arriva sur les lieux. Il vit un attroupement de quelques personnes qui essayèrent en vain d'aider Nash. Il aperçut aussi quelqu'un au volant de la voiture de police de Nash qui tenta sans succès de démarrer. C'était Turpin. Comme McDonnell approchait, Turpin lui lança le revolver. « Occupez-vous de l'officier de police » dit-il.

Turpin saignait, il était blessé aux deux bras et à la joue. On le poussa dans la voiture de police et on le transporta au Toronto East General Hospital.

Pendant le trajet, Turpin parlait, ne s'adressant à personne en particulier. « Pourquoi ?... Pourquoi un type prend un revolver qui est pointé sur lui ?... Pourquoi il m'a dit de m'arrêter ? Il a reçu un appel, ou quoi ? »

Les policiers n'étaient pas d'humeur à faire la conversation.

Mais Turpin continua à se vanter : « J'aurais pu avoir le deuxième type aussi, celui qui m'a arrêté mais j'en avais rien à foutre et j'ai jeté mon arme par terre. J'aurais pu m'enfuir. »

À l'hôpital, Turpin semblait avoir oublié ce qui venait de se passer. Quand une infirmière déballa une seringue pour lui faire une injection, il s'écria d'un ton railleur : « Champagne pour tout le monde ! »

« Il m'a dit de mettre mes mains sur le camion » expliqua plus tard Turpin de son lit d'hôpital, dans une des versions des événements. « Je me suis tourné rapidement et il a tiré. Il m'a touché au bras gauche. Tout s'est passé si vite ! Je ne pourrais pas vous dire après. Bon Dieu ! Il est tombé, je suis tombé ! »

Finalement, après qu'on lui eut administré des sédatifs, il donna une autre version des faits.

« Le flic a traversé la rue et il a saisi mon revolver. Je lui ai donné quelques coups quand il a voulu prendre son arme.

J'ai jeté mon revolver par terre quand il m'a tiré dessus, alors qu'il était au sol. »

Il continua à divaguer : « Je ne vois pas comment un gros flic peut se faire blesser grièvement par une balle de calibre .32. Prenez votre .38 ! Wow ! Ou bien des .45, les gars ! »

Quand on lui dit que Nash était mort, Turpin retint son souffle et garda le silence pendant plus d'une minute. « C'est comme ça. On doit tous partir à un moment donné. »

« Il ne fait aucun doute que Fred Nash est mort en héros », déclara le chef de la police de Toronto, James MacKey. « Il était particulièrement énergique, et je crois que c'est ça qui lui a coûté la vie. »

Il n'y avait pourtant rien de particulièrement héroïque dans la façon dont Nash était mort, et MacKey a eu recours à un euphémisme pour déguiser cette « énergie » dont l'agent assassiné avait fait preuve. Ce que ne disait pas MacKey, c'est que Nash avait la réputation d'être un policier à la force macho qui aimait la violence ponctuelle. Un an plus tôt, avant qu'il n'entre à la mondaine, Nash avait été accusé d'agression mais l'accusation avait été abandonnée. Il grimpa au rang de détective à la mondaine, mais il fut rétrogradé au rang de simple agent pour avoir brutalisé un client alors qu'il buvait, sans son uniforme, à la Town Tavern. Ça n'était pas sa première infraction. L'inspecteur Herbert Thurston, de l'escouade des mœurs, devait le reconnaître plus tard en cour : « Nash buvait trop en dehors de son travail, et ça le rendait incapable de faire son travail. »

Deux mille personnes se joignirent à la femme de Nash et à ses quatre enfants pour assister aux funérailles qui eurent lieu le jeudi 15 février, à l'église anglicane de St. Michael's All Angels.

Le procès de Turpin pour le meurtre de Fred Nash débuta le 28 mai 1962, soit dix-huit jours après qu'Arthur Lucas eut été condamné et le procès dura plus de deux semaines. Plus de deux mille pages de preuves furent présentées, dont une bonne partie étaient contradictoires. Des soixante témoins, environ la moitié étaient des hommes de loi dont un grand nombre, on peut le comprendre, affichèrent ouvertement leur mépris pour l'accusé.

Le sergent détective Robert Smollet déclara à la cour que pendant l'enquête sur la fusillade du 26 octobre, qui avait éclaté au *party* de Della Burns, ni lui, ni aucun autre policier n'avait menacé la vie de Turpin. Le détective Harkness nia avoir jamais dit qu'il y avait vingt-six policiers sur le dossier de Turpin qui avaient ordre de le tuer. Quant à l'inspecteur Thurston, il nuança ses premières remarques sur les états de service de Nash. « Nash, dit-il, a été un bon policier, ambitieux qui n'a pas vraiment été rétrogradé mais réassigné. » Thurston expliqua que Nash était plus adapté au travail de police ordinaire qu'aux obligations laborieuses auxquelles est tenu un détective de l'escouade des mœurs. Thurston dit que si Nash avait un défaut, c'était celui de se montrer « trop coulant » et qu'il n'avait pas la réputation d'être violent lorsqu'il procédait à des arrestations.

Lorsque Turpin témoigna pour sa propre défense, il dit qu'il n'arrivait pas à se souvenir d'avoir fait des déclarations à la police en se rendant à l'hôpital. Il prétendit que Nash avait trouvé le revolver sous le siège du camion où Lillian l'avait caché, qu'il lui avait donné l'ordre de sortir du véhicule, puis qu'il l'avait fouillé en le plaquant contre l'aile de la voiture de police. Turpin prétendit que Nash pointait son revolver vers le haut, et qu'il avait cru que l'agent allait le pointer sur lui. Il dit qu'il avait levé son arme pour se protéger du coup de feu, et que le coup était parti.

Son avocat, Ross MacKay se basa presque uniquement sur la preuve des experts en balistique. Les deux revolvers étaient vides à la suite de l'échange de coups de feu, et comme la preuve montrait que Turpin avait tiré les trois dernières balles, MacKay insista sur le fait que les chances étaient de six contre un en faveur de Turpin, à savoir que Nash avait effectivement tiré le premier.

Le procureur de la Couronne, A.O. Klein prétendit que Turpin avait tué délibérément un agent de police en résistant à son arrestation. Il sourit d'un air méprisant à la suggestion d'autodéfense. Il n'y avait pas de brûlure de poudre sur les habits de Turpin et si Nash avait tiré le premier à une courte distance au cours de la bagarre, il y aurait eu des traces de poudre, déclara-t-il.

Le jury délibéra pendant cinq heures et demi avant de rendre un verdict de culpabilité.

Ronald Turpin rencontra Arthur Lucas pour la première fois dans le quartier des condamnés à mort de la prison de Don, une prison aux tourelles de pierre construite en 1859. Quatre cellules sans fenêtre aux murs couleur de vomissures étaient réservées aux condamnés. Les prisonniers appelaient cette unité « l'Hôpital Neuf » parce qu'elle se trouvait le long d'un couloir étroit, au même étage que le dispensaire de la prison. À quarante pas des cellules se trouvait la salle d'exécution, une petite pièce caverneuse, qui renfermait toute la machinerie pour tuer : des poutres et une trappe qui s'ouvre, aménagée dans le sol.

La même semaine que Turpin, un troisième « invité » se retrouva à l'Hôpital Neuf : Gary Alexander McCarkell. Le 19 avril 1962, McCarkell, un pédophile de dix-neuf ans, avait attiré deux enfants, un petit garçon de trois ans et un autre de deux ans, dans un entrepôt de meubles à Toronto, les avait agressés sexuellement, puis les avait tués en les étouffant. Lui aussi avait été reconnu coupable et il fut condamné à la pendaison le 26 octobre.

Les trois prisonniers reçurent la visite d'un aumônier de l'Armée du Salut, un homme doux et enjoué, plein de compassion, le brigadier Cyril Everitt. Durant les trente ans de son ministère, Everitt s'opposa à la peine capitale, et le fait de voir les trois hommes ne fit qu'augmenter sa répugnance envers la peine de mort. Il venait presque chaque jour et passait une partie de la journée à jouer aux échecs avec Turpin et aux cartes avec Lucas.

Ils discutaient surtout de courses de chevaux et de hockey mais parfois, il leur arrivait aussi de parler de la mort et de la naissance. Au début du mois de juillet, Lillian White donna naissance à la fille de Turpin, et comme tout nouveau père, il était fier et cherchait ouvertement des félicitations, qu'il reçut, en disant qu'il offrirait bien des cigares si les gardiens lui en donnaient.

Deux mois plus tard, il fut peiné d'apprendre que le bébé était mort suffoqué dans son berceau. La mort de sa petite fille sembla le déranger plus que l'imminence de sa propre mort.

Everitt dit qu'il n'enfonçait pas de force la religion dans la gorge des condamnés à mort. « Je suis venu et je leur ai montré que j'étais, comme Jésus l'était, préparé à être un serviteur. »

D'autres serviteurs, séculiers ceux-là, s'occupaient de la cause : les avocats Walter Williston et Patrick Hartt firent appel, de même que Osgoode Hall et le professeur Morton, qui exprimèrent leur point de vue dans plusieurs chroniques qui paraissaient dans les journaux.

« Un examen des arguments en faveur de la peine capitale ne révèle aucune nécessité d'enlever la vie à Ronald Turpin. La société peut se protéger de comportements aussi atrocement anti-sociaux sans s'abaisser à prendre la vie de sang froid, déclara Morton dans une de ses chroniques.

Il n'est pas impossible que Turpin, si on lui laisse la vie sauve, puisse se réformer au point de pouvoir vivre sa vie en prison comme un homme raisonnable. »

En octobre, le Cabinet Diefenbaker décida sur un coup de tête que les vies de deux enfants valaient moins que les vies d'un souteneur, d'une prostituée et d'un policier, et la condamnation à mort de MacCarkell fut commuée. Turpin et Lucas furent encouragés par les nouvelles et par l'annonce qu'un sursis avait été émis à leur exécution jusqu'au 11 décembre. Everitt aussi, « espère contre tout espoir que la pendaison n'aura pas lieu. » Mais au début du mois de décembre, un ministre du Cabinet amical avertit Everitt que même si le Premier ministre souhaitait épargner Turpin et Lucas, il devrait affronter une révolte ministérielle s'il le faisait.

Il n'y avait pas d'espoir.

Everitt commença à préparer les condamnés à la mort.

« J'ai repassé chaque détail de ce qui allait leur arriver, y compris le nœud coulant et la trappe » dit-il. Et pour se familiariser lui-même avec l'exécution, il convainquit les autorités carcérales de lui faire une sorte de répétition.

Sentant l'appréhension grandissante d'Everitt, Turpin et Lucas suggérèrent tous les deux que lui soit épargnée l'horreur de les regarder mourir. Il refusa. « La dernière voix que vous entendrez, leur assura-t-il, sera la mienne, et c'est comme ça que ça va se faire. »

Le samedi 8 décembre, Everitt célébra l'office dans la chapelle, mais Turpin et Lucas ne purent y assister. Il demanda alors aux prisonniers de chanter de toutes leurs forces pour que les deux hommes qui étaient dans le quartier des condamnés à mort puissent entendre les cantiques. Les voix s'élevèrent et flottèrent le long des couloirs et firent écho dans tout l'Hôpital Neuf :

> Je me noyais dans le péché
> Loin de la rive paisible
> Très profondément souillé par le péché
> M'abîmant pour ne plus remonter.
> Jusqu'à ce que le Maître de la mer
> Entende mon cri désespéré
> Et qu'il me soulève des flots
> Maintenant je suis sauvé.

Le dernier jour de leur vie, le lundi 10 décembre, Turpin et Lucas se réveillèrent à six heures du matin dans un silence palpable dans toute la prison. D'autres détenus furent déplacés de leurs cellules près du corridor qui conduisait à la potence.

Les lumières joyeuses d'un arbre de Noël clignotaient, incongrues, dans l'atmosphère lugubre de la prison.

Quand le directeur de la prison, David Dougall, arriva pour leur demander ce qu'ils voulaient manger pour leur dernier repas, Turpin et Lucas dirent que ça leur était égal, tant qu'Everitt pourrait le partager avec eux. Cet après-midi là, Walter Williston, l'avocat qui avait fait appel, vint leur faire une dernière visite. « Si cela peut vous consoler, dit-il, vous êtes probablement les derniers hommes à être pendus au Canada. »

« Je préfèrerais laisser l'honneur à Feener », lança Turpin, pince-sans-rire [2].

Ils passèrent l'après-midi à écrire des lettres, Turpin à Lillian White, Lucas à sa sœur, Lizzie, qui était venue à Toronto voir son frère avant qu'il meure, mais à qui il ne voulut pas parler. Dans une langue laborieuse, il écrivit :

> Je suis bien et je me sens bien et j'espère que quand ces quelques lignes atteindront tes mains, elles te trouveront en bonne santé. Je veux que tu saches que c'est mon idée de ne pas te faire venir, parce que je pense que c'est mieux pour moi et je connais tes sentiments pour moi, mais tu peux être certaine que je suis en paix avec Dieu. Je veux que tu saches ça sur ton frère, pour que tu saches que je suis en sécurité quoi qu'il arrive, chère petite sœur.

Tandis qu'ils écrivaient leurs lettres, Turpin interrogea Everitt sur une ligne du Notre Père : « Pardonnez-nous nos offenses comme nous pardonnons à ceux qui nous ont offensés. »

– Est-ce que ça veut dire que si je ne pardonne pas à tous ceux qui m'ont fait du mal, alors le Seigneur ne me pardonnera pas ?

– C'est exactement ce que cela veut dire, lui répond Everitt.

– Voici le nom d'une amie de longue date.

Il glissa une enveloppe dans les mains d'Everitt. « Après ce soir, lorsque ce sera terminé, est-ce que vous lui écrirez pour lui dire que j'espère qu'elle me pardonne ? »

Everitt fit mieux que cela. Il appela la fille à Vancouver « Elle dit qu'elle vous pardonne et qu'elle pense à vous tout le temps », dit-il à Turpin.

Ils s'assirent pour prendre leur dernier repas composé de steak et les trois hommes parlèrent jusqu'à onze heures.

– Et bien les gars, dit Everitt, il reste une heure. Qu'est-ce que vous voulez que je fasse ?

– Soyez juste vous-même, brigadier, lui répond Turpin.

Dehors, la foule commençait à se masser près de la prison située rue Gerrard East. À onze heures, il y avait environ deux cents personnes qui se pressaient dans le froid, en regardant du côté sud de la rue vers la prison faiblement éclairée. Ils étaient nombreux, comme Douglas Campbell, un pacifiste originaire de la Colombie-Britannique, à porter des pancartes de fortune qui disaient : « LA PENDAISON : MEURTRE PUBLIC ». Parmi les manifestants se trouvait le sénateur du parti progressiste-conservateur pour York-Scarborough, Frank McGee, qui, en 1959, avait proposé un projet de loi pour mettre fin à la peine de mort. Le rabbin Abraham Feinberg, du temple Holy Blossom se trouvait également dans la foule. « Deux cadavres qui se balancent au bout d'une corde ne feront qu'alimenter la vengeance, dit-il, l'incarcération et la psychiatrie peuvent nous éclairer, nous aider à mieux comprendre. »

La police tenta de faire reculer la foule de l'entrée de la prison. Lorsqu'un panier à salade fut envoyé sur les lieux, ce fut le chahut. Quand un policier dit à Franklin Chidsey, un ministre unitaire, de se taire, ce dernier cria : « Je refuse de garder le silence ! Nous refusons le principe qu'il n'y a rien de mieux qu'un meurtre légal ! »

Une mêlée s'ensuivit : quatre personnes furent arrêtées.

Dans l'enceinte de la prison, oublieux de la manifestation qui avait lieu dehors, quatre gardiens arrivèrent à l'Hôpital Neuf juste avant minuit. Ils passèrent les menottes à Turpin et à Lucas, et les conduisirent au couloir jusqu'à la salle d'exécution.

« Nous marchions tous en procession, franchissant les portes jusqu'à ce que nous arrivions à cette pièce », dit Everitt. Il ajouta : « J'ai été stupéfié quand ils ont ouvert la dernière porte, à cause de la lumière brillante d'un projecteur braqué sur la potence, qui faisait ressortir le jaune vif des cordes qui pendaient dans les airs. »

« Je ne me suis pas évanoui. Ils ont passé des cagoules sur la tête des condamnés. Turpin et Lucas se tenaient dos à dos, le bourreau a fait tomber les cordes au-dessus d'eux. La trappe se trouvait juste en-dessous de leurs jambes. »

Everitt commença à lire le vingt-troisième psaume.

Il hésita au moment de prononcer les mots qui étaient le signal convenu avec le bourreau. « Seigneur, laisse tes serviteurs partir en paix… »

La trappe s'ouvrit dans un bruit métallique.

Le bruit de la trappe noya le reste du verset.

« …car mes yeux ont vu Ton salut. »

Le fracas de la trappe se répercuta dans toute la prison.

C'était terminé.

« Le bourreau s'y est mal pris, il a fait ça n'importe comment. Il n'y a pas d'autre façon de le dire : c'était révoltant. » Everitt revivra chaque jour le souvenir de cette nuit jusqu'à sa mort, qui survint en novembre 1986. Son souvenir était resté intact, vingt-quatre ans plus tard.

« Turpin est mort proprement. Mais Lucas, le plus lourd des deux, avait trop de corde pour son poids. Ses jambes touchaient presque le sol sous la trappe. Sa tête était pratiquement arrachée. Il est mort décapité. Seule la force des muscles du cou gardaient sa tête attachée au reste du corps. Il y avait du sang partout. »

Le directeur de la prison demanda à Everitt de s'en aller mais ce dernier refusa.

Les cœurs continuaient de battre. À minuit dix-huit, le coroner prononça la mort de Turpin. Encore trois minutes et l'agonie de Lucas était terminée.

Le bourreau monta sur un escabeau, coupa les cordes au bout desquelles pendaient les cadavres, enveloppa ces derniers dans des draps blancs et les plaça dans des boîtes en pin. On chargea les cercueils à l'arrière d'une familiale blanche maculée de boue, pour ne pas éveiller les soupçons, et le véhicule se dirigea vers le cimetière de Prospect.

C'est bien après trois heures du matin que le cortège funèbre arriva près des deux tombes ouvertes qu'une neige poudreuse recouvrait de blanc. C'était un ciel sans lune. Everitt tenta de lire la prière funèbre en s'éclairant d'une lampe de poche, mais l'effet lui sembla trop bizarre et il choisit d'improviser.

En regardant à travers l'obscurité, de l'autre côté du cimetière, en direction de la ville où chacun dormait d'un sommeil respectable, il prononça clairement ces mots : « Vous tous savez à présent que ces hommes sont morts. Leurs corps ont été séparés de leur âme. »

Puis, tournant les yeux vers les cercueils en pin grossier, il se remémora une prière que l'on prononçait lors de la mise en terre.

Il commença : « Que Ta volonté soit faite, Dieu Tout-puissant... »

Everitt s'arrêta, incapable de parler tandis que l'on descendait les cercueils dans la tombe.

« Je n'arrivais pas à prononcer un mot car je savais, je savais que telle n'était pas la volonté du Dieu Tout-puissant. »

1. À ce jour, le meurtre de Gibson demeure non résolu.

2. Turpin se trompait. Il faisait référence à Owen Maxwell Feener, qui a été exécuté le 13 juin 1961. Décrit par les témoins comme un « idiot limite », Feener avait assassiné Kathleen Chouinor près de Timmins, en Ontario. L'honneur que Turpin voulait ainsi accorder devrait aller de droit à Louis William Fisher, qui fut pendu deux semaines après Feener, le 27 juin 1961. Il avait été reconnu coupable du meurtre particulièrement brutal de Margaret Bennett dans une station service de Scarborough.

Cet ouvrage
composé en caractères Palatino corps 12
a été achevé d'imprimer
sur les presses de l'imprimerie Gauvin
à Hull
le vingt-six mai deux mille trois
pour le compte des ÉDITIONS TRAIT D'UNION.